国家出版基金项目

NATIONAL PUBLICATION FOUNDATION

中宣部2022年主题出版重点出版物

“十四五”国家重点图书出版规划项目

北京宣传文化引导基金

BEIJING CULTURE GUIDING FUND

纪录小康工程

全面建成小康社会

北京大事记

BEIJING DASHIJI

本书编写组

北 京 出 版 集 团
北 京 人 民 出 版 社

出 版 人：康　伟
项目统筹：吴文学　李清霞
项目执行：吕克农　陈　飞　王曷灵　李　尚
责任编辑：单明明
封面设计：石笑梦
版式设计：王欢欢
责任印制：武绽蕾

图书在版编目（CIP）数据

全面建成小康社会北京大事记 / 本书编写组编著 . —
北京 ：北京人民出版社，2022.10
（“纪录小康工程”地方丛书）
ISBN 978-7-5300-0552-1

I. ①全… II. ①本… III. ①小康建设—大事记—北京
IV. ① F127.1

中国版本图书馆 CIP 数据核字（2022）第 086420 号

“纪录小康工程”地方丛书
全面建成小康社会北京大事记
QUANMIAN JIANCHENG XIAOKANG SHEHUI BEIJING DASHIJI

本书编写组　编

北京出版集团
北京人民出版社　出版
（100120　北京市西城区北三环中路 6 号）

北京华联印刷有限公司印刷　新华书店经销

2022 年 10 月第 1 版　2022 年 10 月北京第 1 次印刷
开本：710 毫米 ×1000 毫米 1/16　印张：18.75
字数：237 千字

ISBN 978-7-5300-0552-1　定价：66.00 元

邮购地址 100120　北京市西城区北三环中路 6 号
北京出版集团主题分公司　电话：（010）58572371

总 序

为民族复兴修史 为伟大时代立传

小康，是中华民族孜孜以求的梦想和夙愿。千百年来，中国人民一直对小康怀有割舍不断的情愫，祖祖辈辈为过上幸福美好生活劳苦奋斗。“民亦劳止，汔可小康”“久困于穷，冀以小康”“安得广厦千万间，大庇天下寒士俱欢颜”……都寄托着中国人民对小康社会的恒久期盼。然而，这些朴素而美好的愿望在历史上却从来没有变成现实。中国共产党自成立那天起，就把为中国人民谋幸福、为中华民族谋复兴作为初心使命，团结带领亿万中国人民拼搏奋斗，为过上幸福生活胼手胝足、砥砺前行。夺取新民主主义革命伟大胜利，完成社会主义革命和推进社会主义建设，进行改革开放和社会主义现代化建设，开创中国特色社会主义新时代，经过百年不懈奋斗，无数中国人摆脱贫困，过上衣食无忧的好日子。

特别是党的十八大以来，以习近平同志为核心的党中央统揽中华民族伟大复兴战略全局和世界百年未有之大变局，团结带领全党全国各族人民统筹推进“五位一体”总体布局、协调推进“四个全面”战略布局，万众一心战贫困、促改革、抗疫情、谋发展，党和国家事业取得历史性成就、发生历史性变革。在庆祝中国共产党成立100周年大会上，习近平总书记庄严宣告：“经过全党全国各族人民持续奋斗，我们实现了第一个百年奋斗目标，在中华大地上全面建成了小康社会，历史性地解决了绝对贫困问题，正在意气风发向着全面建成社会主义现代化强国的第二个百年奋斗目标迈进。”

这是中华民族、中国人民、中国共产党的伟大光荣！这是百姓的福祉、国家的进步、民族的骄傲！

全面小康，让梦想的阳光照进现实、照亮生活。从推翻“三座大山”到“人民当家作主”，从“小康之家”到“小康社会”，从“总体小康”到“全面小康”，从“全面建设”到“全面建成”，中国人民牢牢把命运掌握在自己手上，人民群众的生活越来越红火。“人民对美好生活的向往，就是我们的奋斗目标。”在习近平总书记坚强领导、亲自指挥下，我国脱贫攻坚取得重大历史性成就，现行标准下9899万农村贫困人口全部脱贫，建成世界上规模最大的社会保障体系，居民人均预期寿命提高到78.2岁，人民精神文化生活极大丰富，生态环境得到明显改善，公平正义的阳光普照大地。今天的中国人民，生活殷实、安居乐业，获得感、幸福感、安全感显著增强，道路自信、理论自信、制度自信、文化自信更加坚定，对创造更加美好的生活充满信心。

全面小康，让社会主义中国焕发出蓬勃生机活力。经过长期努力特别是党的十八大以来伟大实践，我国经济实力、科技实力、国防实力、综合国力跃上新的大台阶，成为世界第二大经济体、第一大工业国、第一大货物贸易国、第一大外汇储备国，国内生产总值从1952年的679亿元跃升至2021年的114万亿元，人均国内生产总值从1952年的几十美元跃升至2021年的超过1.2万美元。把握新发展阶段、贯彻新发展理念、构建新发展格局、推动高质量发展，全面建设社会主义现代化国家，我们的物质基础、制度基础更加坚实、更加牢靠。全面建成小康社会的伟大成就充分说明，在中华大地上生气勃勃的创造性的社会主义实践造福了人民、改变了中国、影响了时代，世界范围内社会主义和资本主义两种社会制度的历史演进及其较量发生了有利于社会主义的重大转变，社会主义制度优势得到极大彰显，中国特色社会主义道路越走越宽广。

全面小康，让中华民族自信自强屹立于世界民族之林。中华民族有五千多年的文明历史，创造了灿烂的中华文明，为人类文明进步作出了卓越贡献。近代以来，中华民族遭受的苦难之重、付出的牺牲之大，世所罕见。中国共产党带领中国人民从沉沦中觉醒、从灾难中奋起，前赴后继、百折不挠，战胜各种艰难险阻，取得一个个伟大胜利，创造一个个发展奇迹，用鲜血和汗水书写了中华民族几千年历史上最恢宏的史诗。全面建成小康社会，见证了中华民族强大的创造力、坚韧力、爆发力，见证了中华民族自信自强、守正创新精神气质的锻造与激扬，实现中华民族伟大复兴有了更为主动的精神力量，进入不可逆转的历史进程。今天，我们比历史上任何时期都更接近、更有信心和能力实现中华民族伟大复兴的目标，中国人民的志气、骨气、底气极大增强，奋进新征程、建功新时代有着前所未有的历史主动精神、历史创造精神。

全面小康，在人类社会发展史上写就了不可磨灭的光辉篇章。中华民族素有和合共生、兼济天下的价值追求，中国共产党立志于为人类谋进步、为世界谋大同。中国的发展，使世界五分之一的人口整体摆脱贫困，提前十年实现联合国2030年可持续发展议程确定的目标，谱写了彪炳世界发展史的减贫奇迹，创造了中国式现代化道路与人类文明新形态。这份光荣的胜利，属于中国，也属于世界。事实雄辩地证明，人类通往美好生活的道路不止一条，各国实现现代化的道路不止一条。全面建成小康社会的中国，始终站在历史正确的一边，站在人类进步的一边，国际影响力、感召力、塑造力显著提升，负责任大国形象充分彰显，以更加开放包容的姿态拥抱世界，必将为推动构建人类命运共同体、弘扬全人类共同价值、建设更加美好的世界作出新的更大贡献。

回望全面建成小康社会的历史，伟大历程何其艰苦卓绝，伟大胜利何其光辉炳耀，伟大精神何其气壮山河！

这是中华民族发展史上矗立起的又一座历史丰碑、精神丰碑！这座丰碑，凝结着中国共产党人矢志不渝的坚持坚守、博大深沉的情怀胸襟，辉映着科学理论的思想穿透力、时代引领力、实践推动力，镌刻着中国人民的奋发奋斗、牺牲奉献，彰显着中国特色社会主义制度的强大生命力、显著优越性。

因为感动，所以纪录；因为壮丽，所以丰厚。恢宏的历史伟业，必将留下深沉的历史印记，竖起闪耀的历史地标。

中央宣传部牵头，中央有关部门和宣传文化单位，省、市、县各级宣传部门共同参与组织实施“纪录小康工程”，以为民族复兴修史、为伟大时代立传为宗旨，以“存史资政、教化育人”为目的，形成了数据库、大事记、系列丛书和主题纪录片4方面主要成果。目前已建成内容全面、分类有序的4级数据库，编纂完成各级各类全面小康、脱贫攻坚大事记，出版“纪录小康工程”丛书，摄制完成纪录片《纪录小康》。

“纪录小康工程”丛书包括中央系列和地方系列。中央系列分为“擘画领航”“经天纬地”“航海梯山”“踔厉奋发”“彪炳史册”5个主题，由中央有关部门精选内容组织编撰；地方系列分为“全景录”“大事记”“变迁志”“奋斗者”“影像记”5个板块，由各省（区、市）和新疆生产建设兵团结合各地实际情况推出主题图书。丛书忠实纪录习近平总书记的小康情怀、扶贫足迹，反映党中央关于全面建成小康社会重大决策、重大部署的历史过程，展现通过不懈奋斗取得全面建成小康社会伟大胜利的光辉历程，讲述在决战脱贫攻坚、决胜全面小康进程中涌现的先进个人、先进集体和典型事迹，揭示辉煌成就和历史巨变背后的制度优势和经验启示。这是对全面建成小康社会伟大成就的历史巡礼，是对中国共产党和中国人民奋斗精神的深情礼赞。

历史昭示未来，明天更加美好。全面建成小康社会，带给中国人民的是温暖、是力量、是坚定、是信心。让我们时时回望小康历程，深入学习贯彻习近平新时代中国特色社会主义思想，深刻理解中国共产党为什么能、马克思主义为什么行、中国特色社会主义为什么好，深刻把握“两个确立”的决定性意义，增强“四个意识”、坚定“四个自信”、做到“两个维护”，以坚如磐石的定力、敢打必胜的信念，集中精力办好自己的事情，向着实现第二个百年奋斗目标、创造中国人民更加幸福美好生活勇毅前行。

目　录

前 言

《全面建成小康社会北京大事记》全方位展示中国共产党领导人民为实现全面小康的奋斗实践，记录市委、市政府的重要决策部署，记录小康进程中的关键节点、重要事件、成就变革、生动事例、典型人物，记录城市乡村、各行各业发生的历史巨变。

本书编写工作坚持以马克思列宁主义、毛泽东思想、邓小平理论、“三个代表”重要思想、科学发展观、习近平新时代中国特色社会主义思想为指导，深入贯彻落实习近平总书记关于全面建成小康社会的重要论述精神，全面展示市委市政府统筹推进经济建设、政治建设、文化建设、社会建设、生态文明建设，团结带领全市人民攻坚克难、砥砺前行，实现从温饱不足到小康富裕的伟大飞跃，以及所取得的全面建成小康社会的历史性成就。

本书以编年体为主，以纪事本末体为辅。重点收录以下内容：习近平总书记关于全面建成小康社会的重要论述；党中央、国务院及党和国家领导人在各个历史时期对全面建设（建成）小康社会的决策部署；历届市委、市政府及主要领导对全面建设（建成）小康社会的主要表述、论断；市委、市政府在各个历史时期对全面建设（建成）小康社会的决策部署；北京市经济社会发展规划及相关重要领域发展规划的制定和出台；市委、市政府印发的相关文件，市有关部门印发或联合印发的相关文件；全市性相关重要法规、条例的发布；北京市经济建设、政治建设、文化建设、社会建设、生态文明建设方面标志性、代表性事件及取得的历史性成就；在全面建成小康社会过程中，国家级重点工程建设情况；具有代表性和典型意义，并得到人民群众广泛认可的基层实践；得到国家和市级表彰的先进集体和个人及由党中央、国务院向全国推广的经验；反映各个历史时期小康标准的演变及相关统计数据。编辑中，首次出现的人名记职务、姓名，之后直呼其名。所涉及单位名称，一律用规范简称。

本书内容主要来源于党报党刊、官方网站，参考党史基本著作、党史大事记、地方志书、年鉴等。相关数据采用国家和北京市权威统计资料。

一九四九年

10月1日 开国大典在天安门广场举行，进行阅兵式和群众游行。中央人民政府主席毛泽东宣读中央人民政府公告，宣布中华人民共和国中央人民政府成立，并亲自升起第一面五星红旗。首都30万人参加。

10月12日 北京市郊区工作委员会扩大会议决定，在郊区进行土地改革（简称土改）。

10月15日 北京市军管会颁布关于处理本市辖区农村债务问题的布告，宣布土改前农民所欠地主、富农高利贷性质的债务一律废除。

10月22日—24日 首都人民体育大会在先农坛体育场举行。聂荣臻在会上讲话，号召发展人民体育事业。周恩来出席闭幕会，彭真致闭幕词并向优胜者授奖。

11月20日—22日 北京市第二届各界人民代表会议召开。会议通过市政府组织大纲、封闭妓院以及关于税收和开办业余补习学校等决议。会议选举聂荣臻为市长，张友渔、吴晗为副市长；彭真为市协商委员会主席，刘仁、钱端升、梁思成、余心清为副主席。第一届北平市各界代表会议于1949年8月9日至14日召开。

12月31日 全国对公营、公私合营及工业生产合作社工矿企业进行基本情况调查（第一次全国工业普查）。当日，北京市共有公营企业63家、公私合营企业6家、政府代管企业2家、合作社21个。

本年 按1952年不变价计算，工农业总产值3.1亿元，其中工业总产值1.7亿元、农业总产值1.4亿元。

一九五〇年

1月1日 京汉铁路中断12年后全线修复通车。

同日 北京人民艺术剧院举行成立典礼，李伯钊任院长。这是一个包括话剧、歌剧、舞蹈和管弦乐队在内的综合性艺术团体。

1月13日 政务院通过《关于处理老解放区市郊农业土地问题的指示》，决定北京市应于今年春耕以前完成土改，并作了没收地主土地，征收旧式富农出租土地，一律归国家所有，并分配给无地、少地农民使用等5条规定。

2月21日 北京市公共卫生局为预防天花、白喉、麻疹、脑膜炎等传染病，到各区进行防疫注射。

3月30日 市政府根据政务院《关于统一国家财政经济工作的决定》和《关于统一全国国营贸易实施办法的决定》，决定成立编制委员会和清理仓库委员会。同时，采取相应措施稳定本市物价，使国营经济在市场中居领导地位。

4月 北京市郊区土改结束。土改共没收地主土地与征收富农出租土地394700余亩，没收和征用地主余粮133万斤、房屋2.22万间、农具6.68万件、水车1052辆、大车1227辆、耕畜1743头，分配给无地、少地农民5.2万余户21万人。263个村成立了农民协会，222个村建立了中共党支部。

4月 龙须沟改暗沟工程开工。第一期工程于7月31日竣工，修建永内大街街边便道、东晓市大街、金鱼池大街和天坛北坛根4条下水道干管，全长 6070 米。

5 月 1 日　中华人民共和国第一部婚姻法颁布实施。

6 月　根据中央关于调整工商业的指示，在中共北京市委领导下成立北京市工商业调整处理委员会，对工商业进行第一次调整。调整内容包括公私关系、劳资关系、产销关系。通过这次调整，私营工商业得到迅速发展。

7 月 5 日　北京市救济失业工人捐款工作结束，共收到 20.3 亿多元（旧币）捐款。

7 月 22 日　北京市成立失业工人救济委员会，作为负责失业工人、失业知识分子和其他失业人员的登记与救济的执行机构。

10 月 3 日　中国人民大学举行开学典礼。朱德、刘少奇到会讲话，吴玉章任校长。

10 月 12 日—11 月 22 日　修建龙须沟二期工程，建成红桥至南护城河下水道干管，全长 2433 米。

12 月 3 日　北京市六郎庄村供销合作社信用部成立，这是北京市郊区成立的第一个信用部。

本年　按 1952 年不变价计算，工农业总产值 5.3 亿元，其中工业总产值 3.5 亿元、农业总产值 1.8 亿元。

一九五一年

1月12日 北京市人民政府召开行政会议，决定成立市政府精简节约委员会，负责研究各事业、企业部门的编制问题和检查节约工作。

1月20日 中央人民政府卫生部正式接收美国津贴的私立北京协和医学院。

2月26日—28日 北京市第三届第一次各界人民代表会议召开。刘少奇到会作重要讲话，肯定了人民代表会议的做法。会议选举彭真为市长，张友渔、吴晗为副市长；会议还选举彭真为市协商委员会主席，刘仁、钱端升、梁思成为副主席。

4月 首都汽车公司正式成立，属政务院机关事务管理局领导。首批司机24名，共40辆汽车。

6月26日 经中共北京市委批准，北京市工商界第一届代表大会召开，正式成立北京市工商业联合会。

8月3日 石景山钢铁厂向中共中央呈报《关于工资改革的报告》。毛泽东亲笔批示有关机关迅速合理地解决这个问题。9月23日，工资改革结束。通过修订技术等级标准，严格按标准评级，改变了混乱的旧工资制度，全面实行了“八级工资制度”。

8月11日 北京市第三届各界人民代表会议协商委员会和北京市人民政府委员会召开联席会议，作出关于民主选举区、村两级人民政府的决定。

8月17日—27日　北京市9个区先后召开区各界人民代表会议，会议代行人民代表大会职权，选举了区人民政府正、副区长和委员。9个区的政府委员共131人，其中工人25人、街道居民23人、文教工作者12人、工商业者14人、摊贩3人、医务工作者3人、曲艺工作者1人、区民主妇女联合会8人、其他方面9人、政府工作人员33人。

11月30日　北京市文艺界开始整风学习，以达改造思想和改进工作的目的。全国文联借鉴北京文艺界学习的经验，在全国文艺界开展了学习运动。

12月28日—30日　北京市第三届第三次各界人民代表会议召开。彭真作报告，号召全市人民检举贪污分子。会议通过了关于在全市进一步开展增产节约和反对贪污、反对浪费、反对官僚主义（简称“三反”）运动的决议。

本年　按1952年不变价计算，工农业总产值9.0亿元，其中工业总产值6.9亿元、农业总产值2.1亿元。社会商品零售总额8.17亿元（包括农业生产资料999万元），比上年增长78%。

一九五二年

3月 北京市开展爱国卫生运动。响应毛泽东“动员起来，讲究卫生，减少疾病，提高健康水平，粉碎敌人的细菌战争”的号召，成立了爱国卫生运动委员会，主任为刘仁。3月16日，北京爱国卫生运动开始，第一阶段历时一个月，主要是清理环境卫生，有90%以上的居民参加了大扫除。

4月 中共北京市委郊委发出《关于开展互助合作运动的指示（草稿）》。该指示要求1952年全郊区组织起来的农户应占总农户的50%，其中常年互助组应占10%～20%，经部委批准，每个区可试办1个农业生产合作社（无条件者可不办）。到11月，全郊区已有互助组1.3万多个、农业合作社35个，组织起来的农户占总农户的56%。

5月 北京市财经委员会开始编制全市年度国民经济计划，这是本市第一次编制国民经济计划。

5月 北京的“三反”“五反”（反对行贿、反对偷税漏税、反对盗骗国家财产、反对偷工减料、反对盗窃国家经济情报）运动已近尾声。北京市的工作重点在毛泽东“增加生产，厉行节约，以支持中国人民志愿军”的号召下，转到增产节约竞赛运动上，激发出广大职工更大的生产热情。

5月 北京市文教局动员本市无职业的知识分子参加教育工作。经审查与测验，录取了一批中学、小学和业余学校的教师，为下学年增校增班所需的师资作准备。

9月30日 北京市人民政府举行会议。会议由彭真市长主持，他指出今后本市中心工作是搞好工业生产。

9月 北京市城乡物资交流大会开幕，参加大会的各地代表团有43个，共1900多人。共成交批发业务6161亿元（旧币），零售市场销售52亿元，超额完成原订5000亿元的交易计划。

9月 全国高等院校院系调整基本完成。开始实行全国高等学校统一招生和统一分配毕业生制度。北京在调整过程中撤销了燕京大学、辅仁大学的建制，有关学科并入北京大学、清华大学、北京师范大学等校。将清华大学改造为多科性工业大学；北京大学成为文、理科新型综合大学；辅仁大学并入北京师范大学，使北师大力量加强。另外在海淀区集中规划兴建了一批高等专门学校，著名的“八大学院”——北京航空学院、北京钢铁学院、北京矿业学院、北京石油学院、北京地质学院、北京农业机械化学院、北京医学院、北京林业学院，以及中央财经学院、北京政治学院都是在院系调整过程中发展起来的。

11月 中共中央发布了第二次调整商业的指示。北京市一商局采取了扩大加工订货、扶植工业生产、调整经营范围、扩大批零差价等一系列措施，缓和了公私关系，调动了私营工商业特别是小商小贩的积极性，对活跃城乡经济起到积极作用。1952年，社会商品销售额比1949年增加两倍多。

本年 按1952年不变价计算，工农业总产值为10.7亿元，其中工业总产值8.3亿元、农业总产值2.4亿元；社会商品零售额8.73亿元；对外贸易出口总额63万美元；地方财政收入2.09亿元；地方财政支出1.01亿元。

一九五三年

1月1日　《人民日报》发表题为《迎接1953年的伟大任务》的社论。社论指出，1953年我国将开始执行国家建设的第一个五年计划。经济建设的总任务是使中国由落后的农业国逐步变为强大的工业国。

2月21日　市政府召开首都古文物建筑保护座谈会。着重讨论本市庙宇、王府、官邸等文物建筑及名胜古迹的研究鉴定工作。

3月　北京各界人民热烈拥护《中华人民共和国全国人民代表大会及地方各级人民代表大会选举法》的颁布实施。

4月25日　中共北京市委提出解决北京市蔬菜供应问题的意见：有计划地保留旧菜地和开辟新菜地；实行组织起来，提高与改进种菜技术，逐步加强蔬菜生产的计划性，大力解决首都蔬菜的供销问题。

6月15日　毛泽东在中央政治局会议上第一次对党在过渡时期的总路线和总任务的内容作了比较完整的表述。他指出：从中华人民共和国成立，到社会主义改造基本完成，这是一个过渡时期。党在这个过渡时期的总路线和总任务，是要在一个相当长的时期内，逐步实现国家的社会主义工业化，并逐步实现国家对农业、对手工业和对资本主义工商业的社会主义改造。

6月　北京市农林局根据朱德“要赶快绿化小西山”，以改善首都的生态环境的指示，成立西山造林事务所，专门负责小西山的营林工作。

7月14日—18日　全国城市工作问题座谈会召开。会议认为，对于现有大城市特别是首都和工业比重较大及工业发展速度较快的城市，必须从现在起就有计划地按照社会主义的城市规划和城市建设原则逐步地进行改造和扩建工作。

9月16日　《北京日报》报道，北京市郊区各区在6月、7月、8月内，先后召开农业互助合作代表会议，进一步贯彻中共中央《关于农业生产互助合作的决议》，批判和纠正了互助合作运动中的形式主义和急躁冒进的做法，以及放任自流的倾向，并进一步解决互助组内等价互利的问题。

10月下旬　北京市开始开展大规模的关于过渡时期总路线的宣传教育活动。

11月26日　中共北京市委制定《改建与扩建北京市规划草案的要点》，报送中共中央。该要点明确了北京作为我国政治、文化、经济中心的地位，提出必须从首都长远发展和后代发展的需要出发，有计划、有步骤地进行改建和扩建工作。

本年　按1952年不变价计算，工农业总产值14.4亿元，其中工业总产值11.9亿元、农业总产值2.5亿元。

一九五四年

1月4日　中共中央批转《中财委关于1954年扩展公私合营计划会议的报告》和《中财委关于有步骤地将有10个工人以上的资本主义工业基本上改造为公私合营企业的意见》。北京市开展有计划地扩展单个企业公私合营工作。

1月21日　中共北京市委发出《关于郊区农村完成粮食统购统销后当前工作的指示》。

2月9日　《北京市郊区发展农业互助合作运动五年计划》制定出台。该计划提出：要分期、分批建立新社，逐步扩大老社；“一五”计划结束时，菜区应完全合作化，近郊大田区基本合作化，山区要使近半数的农民参加农业生产合作社。

3月22日　中共北京市委统战部召开手工业工作会议。全市已组织手工业生产合作社169个、生产供销社6个、生产小组13个，社员达16477人。

5月13日　永定河官厅水库举行建成典礼。水库蓄水量22亿多立方米。

6月23日　中共北京市委发出《关于提高北京市中小学教育质量的决定》（简称《五四决定》），要求学生在德、智、体方面都得到发展，提出了一系列提高教育质量的措施。8月29日，中共中央向全党批转这个决定。

7月31日　北京市教育局党组在《工农业余教育工作报告》中

指出，目前全市干部、职工、农民、市民参加业余文化学习的有 18 万人。1953 年中，扫除文盲 5.5 万人，语文、算术提高到高小程度的近 2 万人，语文、代数提高到初中程度的近 2000 人。

8 月 17 日—23 日 北京市第一届人民代表大会第一次会议召开。市长彭真作《北京市五年来工作情况和今后的工作任务的报告》。会议讨论《中华人民共和国宪法（草案）》，并选举毛泽东、刘少奇、周恩来、彭真等人为第一届全国人民代表大会代表。

8 月 中共北京市委农委在《关于推行蔬菜产销合同情况的报告》中指出，这是促进菜农合作化运动和对自由市场、私营菜商的社会主义改造，使蔬菜产销逐步走上计划化和解决当前大城市蔬菜产销矛盾的有效办法。中央农村工作部推广了这一经验。

10 月 8 日 市政府决定在城内各区普遍建立街道办事处和居民委员会。

10 月 16 日 国家计委向中共中央提出《关于改建与扩建北京市规划草案的意见》。该意见认为，中共北京市委提出的首都建设的总方针和制定规划草案的各项原则基本上是正确的，并提出 4 点意见：赞成“首都应成为我国政治、经济和文化的中心”的提法；认为 20 年左右达到人口规模 500 万人似乎“还大了点”，改为 400 万人左右较为合适；认为规划中居住区用地定额偏高，道路太宽，绿地、河湖水系面积偏多；可不再设置单独的“文教区”，至少可以不设集中过多学校的大文教区。为此，中共北京市委就规划草案进行修改，26 日向中央报送《关于早日审批改建与扩建北京市规划草案的请示》和《北京市第一期城市建设计划要点》。

12 月 24 日 市政府向中共中央、国务院报送第一个五年计划纲要草案。该草案包括交通运输、基本建设、社会商品流通、城市公用事业、文教卫生以及工业生产、农林水利、劳动工资、干部培训计划等。

本年 按1952年不变价计算，工农业总产值16.0亿元，其中工业总产值13.7亿元、农业总产值2.3亿元。

一九五五年

1月4日 国营东郊农场建成投产。这是一个农牧结合、以饲养奶牛为主的多种经营农场。

2月2日—5日 中共北京市委农村工作委员会召开办社工作会议，要求切实做好700个农业生产合作社的整顿和巩固工作。彭真在会上说，目前在郊区不再扩大土地不分红的社，不要急于建立很多大社。会后，郊区基本上停止了扩社和新建社，全力做好现有社的整顿和巩固工作，有的大社适当划小，有的高级社退回到初级社。整顿后，入社农户实有55400户，由整顿前占农户总数的47%下降到46%。

2月5日 中共北京市委作出《关于加强北京市造林绿化工作的决定》。

6月1日 北京市儿童医院竣工，有病床600张，是当时全国最大的新型儿童医院。

6月25日—7月3日 中共北京市第一次代表大会在西苑大旅社（今西苑饭店）召开。出席会议的正式代表682名，列席代表32名。市委书记彭真致开幕词。市委第二书记刘仁代表中共北京市委作工作报告。大会选举产生中共北京市第一届委员会及市委委员和候补委员，选出市监察委员会及委员和候补委员。彭真在大会闭幕式上讲话，就工作指标、领导问题、农业问题和对资本主义工商业改造等问题提出了具体意见。

9月16日 国营北京第二棉纺织厂建成投产。

9 月 25 日 北京市第一家大型百货商店——北京市百货大楼建成营业，建筑面积 1.9 万多平方米。

10 月 21 日 北京体育馆落成。全馆由比赛馆、练习馆、游泳馆组成。比赛馆设有 6000 多个观众席位。这是中华人民共和国成立后建成的第一座大型综合体育馆。

10 月 北京至周口店的京周公路全线修通，全长 50 千米。

11 月 5 日 首都剧场举行开幕典礼。

11 月 18 日 中共北京市委作出《关于扩大郊区乡的建制加强乡一级党的统一领导的决定（草案）》。扩大乡的行政区划，以每三四个现有的乡合并为一个乡，每乡有 1700 ～ 2300 户农户，乡的范围不超过四五里。并乡后，每个乡建立一个乡党支部，统一领导全乡各项工作；选举乡人民委员会，设乡长 1 人、副乡长 3 ～ 5 人、委员 7 ～ 9 人。

12 月 13 日 毛泽东 7 月作《关于农业合作化问题》报告后，北京市出现农业合作化热潮。截至本日，近郊 5 个区入社的贫农、下中农和上中农已分别达到这些阶层农户总数的 97% 以上，占总农户的 90%。贫农、中农全部入社的已有 41 个乡。京西矿区贫农、下中农入社户数占 86.2%。

12 月 18 日—24 日 中共北京市委召开农村工作会议，讨论关于郊区实现农业合作化、发展农业生产的 7 年远景规划草案的报告。市委第二书记刘仁作《关于当前农业生产合作社和生产问题》的报告，提出提高办社质量，保证增加生产。24 日，彭真作了大会总结。

本年 按 1952 年不变价计算，工农业总产值 17.9 亿元，其中工业总产值 15.3 亿元、农业总产值 2.6 亿元。

一九五六年

1月1日 北京郊区第一个有线广播站——南苑区红星集体农庄广播站建成播音。2月，北京市成立北京广播网处。3月，市委农村工作部召开会议，决定在郊区各区县全面建设农村有线广播网。

1月4日 中国、蒙古、苏联三国铁路联运通车典礼在北京举行。

1月15日 北京市公私合营企业的工人、店员、资本家、手工业生产合作社社员、郊区农民代表等20多万人在天安门广场举行联欢大会。庆祝本市农业、手工业全部合作化，并在全国率先实现了工商业的全行业公私合营。毛泽东等党和国家领导人参加大会。市长彭真在会上讲话。

1月28日 积水潭医院建成。

2月4日 北京电子管厂、华北无线电器材联合厂、北京有线电厂联合建立职工业余学校，内设政治经济学、中共党史和中共简史班。后经协商，第二建筑公司、酒仙桥人民银行办事处、北京人民广播器材厂也先后加入。到4月，学员总数达到2300余人。

2月10日 北京海淀、丰台、南苑、东郊、石景山5个近郊区各乡安装电话，并开始通话。

4月13日 北京市根据中央领导批示，决定开掘定陵，成立试掘定陵三人小组。小组成员是中国科学院考古研究所所长夏鼐、文化部陈滋德和北京市文化局朱欣陶。5月19日，定陵试掘工作开始。1958年完成定陵挖掘。

4月17日 北京市第一条卫生防护林带在东直门外酒仙桥一带建成，全长3500米，宽350米，有树木30多万株。

4月30日 在北京市郊区新建的公主坟、暂安处、甘家口、酒仙桥、永定路、木樨园等六大综合商场先后建成开业。

5月26日 中国民航飞行员冲破“空中禁区”，飞越号称“世界屋脊”的西藏高原，开辟了北京—拉萨航线。

7月25日 北京城内最后一条臭水沟——御河被改建为地下水道。至此，北京城里原有的100多条臭水沟全部清除。

7月27日 由上海迁京的华新、紫罗兰、云裳、湘铭4家理发店联合在东城区金鱼胡同开业，店名为“四联理发店”。

8月2日—14日 中共北京市第二次代表大会在北京市工人俱乐部召开。应出席代表629名，实到615名，列席代表75名，旁听人员276名。大会审议中共北京市第一届委员会工作报告；审议中共北京市委员会《关于肃清一切暗藏反革命分子的运动的报告》；选举北京市出席中国共产党第八次全国代表大会代表。彭真作大会总结，大会着重讨论党对经济工作的领导问题。因距市委第一次代表大会时间较短，经中央批准，大会没有重新选举中共北京市委的领导机构。

10月7日 北京市制造的第一辆“北京一型”无轨电车试车成功。

10月15日 中国第一座现代化的北京电子管厂建成投产。

10月18日 中国第一个导弹研究机构——国防部第五研究院在北京成立，钱学森任院长。

本年 按1952年不变价计算，工农业总产值23.7亿元，其中工业总产值21.0亿元、农业总产值2.7亿元。农民人均年纯收入136.15元。年末记籍人口按当年区划为383.2万人，按现行区划为589.2万人。

一九五七年

1月14日 中共北京市委向中央报送关于控制北京市人口的请示报告。报告中说，北京市的人口在1949年底大约是200万，其中农业人口约38万。1956年底已增加到412万人，其中农业人口84万。报告分析了人口增长的原因，提出控制城市人口增长的措施。

2月26日 北京市第一条无轨电车线路阜成门至北池子通车。

2月26日 中国制造的最大类型的120千瓦短波发射机在北京正式投入使用。

3月14日 中共北京市委常委讨论通过《北京城市建设总体规划初步方案》。

3月26日 中共北京市委在《关于几年来北京市民族工作情况向中央的报告》中说，北京市现有少数民族48个，共172047人，其中回族82970人、满族80411人、蒙古族6946人、藏族333人、其他44个少数民族成员共1387人，大都是解放后来的干部和学生。该报告提出加强民族团结，发挥少数民族积极性的措施。

3月31日 北京市第一列游览列车首次运营，由西直门站开往八达岭。

4月24日 永定河引水渠工程竣工。引水渠从三家站引水，穿过模式口隧洞，沿旧金钩河向东入南旱河，经玉渊潭、木樨地至西便门入前三门护城河。全长约31.7千米。

6月5日 中共北京市委常委会举行会议，检查和讨论了本市开展增产节约运动的情况、问题和今后改进的意见。

10月5日 国营华北无线电器材厂建成投产。这是我国第一个制造无线电元件的综合性工厂。

10月5日 茶淀青年农场举行建场典礼。这是中国第一个以知识青年为主要成员的农场，农场第一批成员是北京市190多名高中和初中毕业生。

10月14日 纵贯中国南北的北京—凭祥、北京—广州的直达客车正式通车。

10月28日 市人民委员会（简称市人委）公布《北京市第一批古建文物保护单位和保护办法》。文物保护单位有故宫、劳动人民文化宫（旧太庙）、皇史宬、国子监、孔庙、东岳庙、智化寺、雍和宫、钟楼、鼓楼、中山公园（旧社稷坛）、中南海、北海（包括团城）、景山公园、大高玄殿、天坛、圣安寺、天宁寺塔、颐和园、玉泉山、汉城遗址、觉生寺（大钟寺）、十方普觉寺（卧佛寺）、碧云寺、大正觉寺（五塔寺）、大慧寺、慈寿寺塔、卢沟桥、镇岗塔、延寿寺铜佛、西山八大处、法海寺、冰川擦痕、十三陵、居庸关云台、魏太和造像、潭柘寺、戒台寺、土城39处。

11月1日—12日 新华书店北京分店、中国书店、外文书店在劳动人民文化宫举办首届书市，展出中外图书2万余种。作家茅盾、臧克家、张天翼等参加售书活动。

11月15日 石景山发电厂第一期扩建工程竣工，发电能力提高45%。

本年 按1952年不变价计算，工农业总产值26.2亿元，其中工业总产值23.1亿元、农业总产值3.1亿元。按1957年不变价计算，工农业总产值24.2亿元，其中工业总产值21.4亿元、农业总产值2.8亿元。当年基本建设投资额7.5亿元，“一五”时期累计34.7亿元。

一九五八年

1月4日　中共北京市委决定修建十三陵水库，并组建总指挥部，市委农村工业部部长赵凡任总指挥，21日工程开工。

1月6日　北京市毛纺织厂正式开工投产，这是北京市在第二个五年计划中第一个投产的新型工厂，全部设备从国外引进。

1月　在第一个五年计划期间，北京市共修建下水道240多千米，是明永乐年间到新中国成立前500多年所修之和。

2月1日　北京铁路管理局自即日起按新的列车运行图指挥列车运行，使列车行驶速度每小时提高1千米。28日，北京铁路创造了全国铁路日运输里程1034000千米的新纪录。

3月9日　怀柔水库举行开工典礼。

3月17日　中国第一套供电视台用的电视发送设备和第一台电视接收机在北京和天津同时试制成功。

3月28日　国营北京第一、第二、第三棉纺织厂正式合并为一个大型联合企业——北京棉纺织联合厂。合并后的工厂拥有200万纺锭、13000多名职工。

4月1日　中国第一座能够制作大型精密印刷机的工厂——北京人民机器厂工程全部完工。

4月2日　中共中央批转中共北京市委《关于北京市天桥百货商场改革商业工作的报告》，指出天桥百货商场的主要经验是抓紧政治思想工作，认真搞好整改，坚决走群众路线，在提高职工的社会主义觉悟的基础上，依靠他们进行比较系统的革新。各地应抓住这个经验，在商业部门中展开整改工作。

4 月 2 日 北京市第一座生产钢锭、钢材的企业——北京钢厂建成投产。钢厂建筑面积 1.8 万平方米。

5 月 1 日 举行人民英雄纪念碑揭幕典礼。

5 月 20 日 中国自行设计、自己施工、年产 60 万吨的一对现代化竖井——大台竖井在京西矿区建成投产。

5 月 28 日 石景山钢铁厂扩建工程提前两个月正式开工。

6 月 3 日 《北京日报》报道，石景山钢铁厂 11 号小高炉的利用系数达到 0.547，创全国新纪录，锰铁回收率达到 88.2%。

6 月 20 日 北京第一汽车附件厂试制出“井冈山牌”小轿车。该厂在庆祝大会上宣布改名为北京汽车制造厂。

6 月 26 日 中共北京市委向中共中央报送《关于北京工业建设问题的报告》，并附《苦战三年，大干五年，把首都建设成一个现代化的工业基地》规划纲要。

7 月 1 日 十三陵水库举行落成典礼。

8 月—10 月 国营北京电子管厂研制成功 8 种大功率发射管，解决了我国 1000 千瓦大功率广播发射机研制中所需关键部件。

9 月 2 日 我国第一座电视台——北京电视台开始正式播出电视节目。

9 月 13 日 长辛店机车车辆厂生产的中国第一辆内燃机车驶出厂房，奔向京广干线。

9 月 15 日 北京市公共汽车公司修理厂制造出第一辆“红旗牌”大型公共汽车。

9 月 24 日 北京航空学院师生制造的“北京一号”飞机举行试飞典礼。

9月24日 中国第一台200周波交流计算机由清华大学电机系研制成功。

10月9日 北京工业学院研制成中国第一台大型天象仪，在北京天文台试用。

10月24日 中国首台重型齿轮机床在北京第一机床厂诞生。

10月 北京航空港（即首都机场）竣工。

12月 中共北京市委决定编纂《北京志》，成立以市委书记处书记邓拓为组长的领导小组。

12月 中共中央政治局讨论国庆工程。毛泽东、刘少奇、朱德、邓小平等出席，周恩来作介绍。会议一致同意天安门广场规划和施工方案。

本年 按1957年不变价计算，工农业总产值49.61亿元，其中工业总产值46.02亿元、农业总产值3.59亿元。

一九五九年

2月3日—4日 中共北京市委、市人委召开畜牧生产工作会议，要求贯彻执行郊区生产为城市服务的方针，在大力发展蔬菜，搞好粮、棉、油料生产的同时，努力增加肉、蛋等的生产，把郊区农村建成为首都服务的副食品生产基地。

3月18日 国营永定机械厂完成“5872”样车试制，这是我国自行设计、制造的第一辆履带装甲运输车。

5月17日 中共中央指定16所高等院校为全国重点学校。其中北京地区有9所，即北京大学、中国人民大学、中国科学技术大学、清华大学、北京工业学院、北京航空学院、北京农业大学、北京医学院、北京师范大学。

5月22日—23日 石景山钢铁公司扩建的第一批重点工程——3号高炉、3号焦炉建成投产，烧结厂基本建成。

7月下旬 中共北京市委举行驻北京的国家机关、部队、厂矿企业和学校的党组织负责人会议，号召各机关、厂矿企业等集体单位采取量力而行、逐步发展的方针，利用各种有利条件，挖掘一切潜力，大搞种菜、养猪、养鸡、养鸭、养鱼、养兔等副食品生产。

8月中旬 中共北京市委召开农场四级干部会议，明确农场经营方针，部署工作，要求把国营农场迅速建成副食品基地。

9月9日 毛泽东视察大会堂工程，并亲自定名为“人民大会堂”。10日，人民大会堂建成。由能容纳1万人的大礼堂、有5000个座席的宴会厅和全国人民代表大会常务委员会办公楼 3 个主要部分组成，建筑面积 17.18 万平方米，占地面积 15 公顷。

9 月 14 日 我国第一台每秒钟运算 1 万次的快速通用电子数字计算机在北京试制成功。

9 月 24 日 天安门广场扩建工程竣工。面积由原来的 11 万平方米扩大为 40 万平方米，能同时容纳 40 万人集会。游行大道拓展为 1000 米长、80 米宽。

9 月 北京市通向市中心区的第一条煤气管道和第一条热力干管工程竣工，分别长 15.8 千米和 10 千米。10 月 1 日开始向大型公共建筑供应煤气和采暖用热。

10 月 1 日 首都举行新中国成立 10 周年庆祝大典。毛泽东、刘少奇、周恩来、朱德等党和国家领导人与 60 个兄弟党代表团、8 个亚非友好国家政府代表团的团长和代表一起，在天安门城楼检阅阅兵式和 70 万人的游行队伍。市长彭真在会上讲话。

10 月 8 日 中共北京市委、市人委在人民大会堂举行宴会，庆祝人民大会堂、中国革命博物馆和历史博物馆、中国人民革命军事博物馆、农业展览馆、民族文化宫、北京工人体育场、北京火车站、民族饭店、华侨大厦等“十大建筑”工程和密云水库拦洪工程完工。

本年 按 1957 年不变价计算，工农业总产值 73.99 亿元，其中工业总产值 70.29 亿元、农业总产值 3.7 亿元。社会商品零售总额 22.22 亿元（包括农业生产资料 7633 万元），第一次突破 20 亿元。

一九六〇年

2月3日 山西省平陆县养路工程队的61名养路工人食物中毒，情况十分危急。北京长途电信局、京太电路话务员迅速传递消息，千方百计寻找药品。北京八面槽特种药品商店职工千里送药抢救，使61名工人全部脱离危险。北京电影制片厂以此为素材，摄制了影片《为了61个阶级兄弟》。

2月 北京市第一、第二敬老院合并，更名为北京市敬老院。收容无依无靠和无家可归的老残人员890人，其中男性689人、女性201人。

3月19日 中共北京市委召开全市第一次科学技术工作会议。

4月1日 （北）京承（德）铁路正式通车，全程256千米。与锦（州）承（德）铁路相接，成为贯通华北与东北的又一干线。

4月3日 北京市20多万人在街头巷尾宣传“除四害”，100多万人在公共场所进行大扫除。

6月26日 首都群众在北京工人体育场集会，庆祝中国登山队征服世界最高峰——珠穆朗玛峰。北京地质学院毕业生王富洲也登上了峰顶。

7月16日 苏联政府突然照会中国政府，单方面决定召回苏联专家。25日，苏方又通知中国政府，自7月28日至9月1日将撤回全部在华专家1390人，并撕毁343个专家合同和合同补充书，废除257个科学技术合作项目。这给中国经济建设造成重大损失。

9月1日 自1958年9月1日开工建设的华北最大水库——密云水库建成。水库面积180平方千米，设计最大库容43.75亿立方米。

9月2日 中共北京市委召开全会（扩大），提出进一步贯彻执行中共中央《关于开展以保粮、保钢为中心的增产节约运动的指示》。

10月14日 北京市召开“京密引水工程”筹备会，传达周恩来和中共北京市委关于该项工程的指示，将密云水库修建总指挥部原有人员组建成“京密引水工程指挥部”。20日，在怀柔设立指挥部。11月1日工程正式开工。

10月22日 中共中央发布《关于增加全国重点高等学校的决定》。全国重点大学从20所增加到64所，北京地区重点大学从10所增加到26所。北京地区新增加的16所重点大学是石油学院、地质学院、钢铁学院、邮电学院、矿业学院、铁道学院、化工学院、农业机械化学院、中医学院、音乐学院、外国语学院、国际关系学院、政法学院、外贸学院、体育学院和林学院。

本年 按1957年不变价计算，工农业总产值96.62亿元，其中工业总产值93.09亿元、农业总产值3.53亿元。地方财政收入20.20亿元。

一九六一年

1月14日—18日 中共八届九中全会在北京举行。会议通过对国民经济实行“调整、巩固、充实、提高”的八字方针。会上，毛泽东号召全党深入实际，大兴调查研究之风。

1月20日 为回笼货币，北京市开始在城近郊区供应高价糖果、糕点。4月7日，根据中央批转国务院财贸办公室《关于扩大高级糖果糕点的供应范围的报告》，北京市商业部门逐步扩大高价商品的供应种类。

3月下旬 中共北京市委召开农村五级干部会议，讨论公社体制、食堂、包产指标等问题。

4月8日—20日 中共中央总书记邓小平和中央书记处书记、中共北京市委第一书记彭真领导的5个调查组，在北京市顺义、怀柔两县调研人民公社体制、食堂、多种经营和集市贸易等问题。

4月28日 石景山发电厂高井电站1号机组（10万千瓦）建成投产。

5月6日 市人委批转市副食品商业局、市粮食局《关于制发收购主要农副产品实行奖励办法的规定》，确定对12种主要农副产品的收购，按交售数量实行粮食奖励和其他物质奖励的办法。

5月18日 中共北京市委就食堂问题给农村党员发了一封信。信中指出：吃不吃食堂完全是社员自己的事情，一定要坚持完全自愿的原则；对于吃食堂的人，要积极帮助他们把食堂办好；对于退出食堂的人，也要积极帮助他们解决燃料、炊具等困难。

5月25日 中共中央批准教育部报告，决定北京高等院校由原来的90多所调整为51所，中等专业学校由原来的130所调整为80所。

6月—7月 北京市科学技术协会筹委会举办近代自然科学讲座，由华罗庚、钱三强、钱学森等科学家分别主讲。

7月6日 中共北京市委召开工作会议。市委第二书记刘仁总结3年工作的成绩和存在的问题。他说：北京市城市面貌已经起了决定性的变化，消费城市的落后面貌大大变化了。工业总产值已由1957年的23亿元增加到1960年的93亿元；机械、电机工业基本上是这3年内发展起来的；一些现代化工厂已经建成或者正在建设，过去许多不能生产的，现在都能生产或试制成功了，轻工业也有很大的发展。农业、城市建设、基本建设、财贸以及文化、教育、卫生各个战线上也取得很大的成果。

8月23日—9月16日 中共中央在庐山举行工作会议，拟定中央《关于当前工业问题的指示》、《国营工业企业工作条例（草案）》（即《工业七十条》）、《中华人民共和国教育部直属高等学校暂行工作条例（草案）》（即《高教六十条》）。

9月20日—23日 中共北京市委召开全体（扩大）会议，传达讨论中共中央工作会议关于贯彻八字方针以调整为中心的精神。学习讨论了《工业七十条》和《高教六十条》，并部署了当前工作。

10月25日 中共北京市委制定《关于贯彻执行中央关于当前工业问题指示的若干措施》，指出：北京工业今后发展的方向是精兵主义和精品主义；中心问题是提高质量，扩大品种。由此确定了北京工业“高精尖”发展方针。

本年 按1957年不变价计算，工农业总产值58.46亿元，其中工业总产值55.09亿元、农业总产值3.37亿元。年末记籍人口为721.0万人。

一九六二年

1月1日 中共北京市委决定成立北京无线电联合厂，隶属于北京机电工业局，统一管理北京市属的电子工厂。

5月29日—6月6日 中共北京市第三次代表大会在前门饭店召开，应出席代表1151名，实到1145名。市委第一书记彭真致开幕词。市委第二书记刘仁代表中共北京市第二届委员会作工作报告。大会贯彻1962年初扩大的中央工作会议（即七千人大会）精神，总结北京市过去13年，特别是“大跃进”以来各方面工作的经验教训，统一党内思想，坚决贯彻对国民经济实行“调整、巩固、充实、提高”的八字方针。大会选举产生中共北京市第三届委员会及市委委员和候补委员。

7月30日 北京市工商行政管理局党组向中共北京市委上报《关于恢复合作商店、合作小组工作情况报告》，指出本市城近郊区财贸系统共有小商贩2.4万人，其中2.2万人于1958年以后被吸收为国营商业和供销社职工。1961年下半年，各区都进行试点，组织他们恢复合作商店、合作小组。

8月20日 市盲人协会、市聋哑人协会召开北京市第二届盲人、聋哑人代表会议，决定成立北京市盲人聋哑人协会。

10月16日 中共北京市委、市人委发出《关于今冬明春郊区水利工作的指示》，提出：以抗旱为中心开展群众性兴修水利的运动是今冬明春郊区农村的一项重要任务。

11月29日　京西煤矿区九龙山竖井正式投产，年产能力60万吨。

12月26日　中共北京市委、市人委召开农业工作会议，贯彻全国农业工作会议精神，安排部署1963年的农业生产计划，讨论各项增产节约措施。会议提出：各级农业部门的领导干部要尊重科学、钻研技术，逐步掌握农业“八字宪法”（水、肥、土、种、密、保、工、管）的基本知识；要充分发挥科学技术人员的作用，充分发挥物质技术力量，做到人尽其才、物尽其用；要采取各种有效措施，逐步提高农村干部和社员的文化水平与科学技术知识水平。

12月　中共北京市委批转市农林局、市粮食局、市副食品商业局、市供销合作社党组《关于发展养猪生产和改进生猪收购问题的报告》。市委指出：应当继续执行中央规定的公养私养并举，以私养为主的方针；收购和奖励办法要既使生产队和农民真正得到好处，又使国家能多收购到一些商品肥猪。

本年　据统计，自1961年10月中共北京市委贯彻中央提出的“调整、巩固、充实、提高”八字方针以来，北京市对工业进行关、停、并、转，累计共精减职工40万人（包括还乡务农和回街道自谋职业的人）。

本年　按1957年不变价计算，工农业总产值45.7亿元，其中工业总产值42亿元、农业总产值3.7亿元。社会商品零售总额18.81亿元（包括农业生活资料9077万元）。外贸出口总值0.44亿美元。地方财政收入9.09亿元。

一九六三年

2月11日—28日 中共中央工作会议在北京召开。会议提出从当年起，再用两三年时间，继续实行“调整、巩固、充实、提高”的方针，把这3年作为第二个五年计划（1958—1962年）到第三个五年计划（1966—1970年）的过渡阶段。会议决定在城市开展“五反”运动，在农村进行社会主义教育运动。会后，北京市开始训练干部，进行社会主义教育试点工作。

3月20日 市人委发出《关于调整部分工业、手工业产品销售方式的通知》。该通知对620种轻工、纺织、机电、冶金、化工、建材等工业产品和手工业产品的销售方式作了若干调整，划分为商业包销、选购和工业自销3种形式。

3月 中共北京市委领导刘仁、万里、郑天翔在同市科委负责人谈北京市的科技工作时指出：一、北京市科技工作要服务于首都的工农业生产，要搞“高、精、尖”的研究，也要搞“吃、穿、用”的研究，研究成果要同生产紧密结合，促进生产发展。二、科技队伍、机构要同生产的发展相适应，队伍要大发展。三、北京的科技人员力量大，要发挥他们的作用，要团结科技力量。四、要扩大实验研究的条件，工业办实验工厂，农业搞样板田。研究实验任务争取成功，也允许失败，失败由市委负责。

4月28日 市人委召开保护林木工作会议，号召全市人民开展群众性的护林运动，完成绿化首都的光荣任务。

7月29日　中共中央华北局批发中共北京市委报送的《石景山钢铁公司白云石车间是怎样转变的》调查报告，并作了批示：这个报告在重新教育工人、整顿工人阶级队伍、搞好工业生产方面提供了宝贵的经验。

7月29日—31日　北京市科学技术协会召开成立大会。茅以升作工作报告，万里到会讲话。万里要求市科协及各学会团结广大知识分子，为发展北京市工农业生产发挥作用。

7月　连通北运河和潮白河的一条人工河道——运潮减河首期主要工程完工，全长12千米。

10月29日　中共北京市委、市人委批转市计划生育工作领导小组《关于进一步认真开展计划生育工作的意见》。为加强领导，中共北京市委、市人委决定撤销市计划生育工作领导小组，成立北京市计划生育委员会。到11月22日，各城区、近郊区都成立了相应机构。

10月　北京市3000多名应届初中、高中和中专毕业生陆续到郊区27个国营林场和绿化队当林业工人。

11月9日　北京市纺织工业经过调整、巩固、充实、提高，已经形成一个包括棉毛丝麻、纺织、针织、复制、印染和化学纤维纺织等种类比较齐全的工业部门。

11月12日　市人委召开郊区副业生产会议，决定由市计委、供销合作总社、建材局、手工业管理局等部门组成市副业生产领导小组。

本年　按1957年不变价计算，工农业总产值47.55亿元，其中工业总产值43.64亿元、农业总产值3.91亿元。职工人均年生活费收入237.95元，农民人均年纯收入150.45元。

一九六四年

2月2日—9日 中共北京市委召开全市农业科学技术工作会议。会议要求全市500万亩农田种好小麦和玉米；搞好实验，贯彻农业“八字宪法”；搞好三结合，发挥科技人员的作用。

3月6日 中共中央批转《李富春同志关于北京城市建设工作的报告》，指出：必须下决心改变北京市现在这种分散建设、毫无限制、各自为政和大量占用农田的不合理现象。凡是不应该在北京建设的单位，不要挤在北京进行建设。凡是不应该扩大建设的单位，不许进行扩大建设。要切实做到有计划地多快好省地进行首都建设。

3月23日—26日 北京—成都—昆明、北京—上海、北京—长沙—广州3条空中航线先后通航。

7月1日 第二次全国人口普查。当日0时，北京市常住人口759.7万人，其中非农业人口441.5万人。

9月19日 北京市城建、工交系统举办的30所半工半读学校举行开学典礼，共有学生2000多名。

9月 清华大学屏蔽实验原子反应堆和零功率反应堆建成。

10月2日 大型音乐舞蹈史诗《东方红》在北京上演，有3000人参加演出。

10月17日 北京市第一批去山西曲沃县集体插队的城市知识青年由北京站出发。

10月 北京汽车制造厂试制成功北京“212”型越野汽车，随后正式投入生产。

11 月 20 日　中国汽车工业公司北京分公司成立，由北京汽车制造厂、北京齿轮厂、唐山齿轮厂、北京市汽车附件厂组成。

11 月 26 日　市轻工局确定北京塑料总厂和北京玻璃总厂试办地方性托拉斯，以总厂为核算单位，成立生产指挥、经济管理、人事生活 3 个办公室，对全行业采用经济办法实行统一管理。

12 月 31 日　中共北京市委提出《关于建设北京后方的初步规划的报告》。这是根据中共中央、华北局关于调整一线、建设三线和建设各省市后方的指示，以及华北局把北京市、河北省的张家口专区，山西省的雁北专区共同组成一个经济协作区的决定提出的。

12 月　北京市开始液化石油气供应试点工作，并为第一批用户进行了安装。

本年　按 1957 年不变价计算，工农业总产值 53.63 亿元，其中工业总产值 49.39 亿元、农业总产值 4.24 亿元。

一九六五年

1月23日　国务院副总理李富春同意北京地铁建设方案，并建议下半年动工。彭真也对这个方案作了批示。2月4日，毛泽东批示：精心设计，精心施工。在建设过程中，一定会有不少错误失败，随时注意改正。

3月10日　北京市农业劳动大学开学。这是本市为发展郊区农业生产培养人才而创办的一所实行半农半读的新型高等学校。

4月10日　国家计委复函铁道部，同意北京地下铁道石景山至五棵松段于7月正式开工，安排1965年投资8900万元。5月1日，铁道部正式成立地下铁道工程局。

6月10日　中共北京市委发出通知，号召全市商业单位和商业人员学习“背篓商店”为人民服务的精神。《北京日报》为此发表题为《为革命做生意》的社论。房山县周口店公社黄山店分销店职工王砚香等背篓上山，为山区居民送货和收购，受到群众欢迎。

7月1日　北京地下铁道工程正式开工。

8月5日—8日　中共北京市委、市人委召开小麦生产会议。会上第一次提出了“比学赶帮超”的口号，号召广泛开展学南韩继、赶南韩继、超南韩继的活动。

8月26日　北京市支援青海省工业建设，有14家工业企业、323名职工迁往青海。同时，还调去技术工人32名、技术员17名。

8月28日　国家经委同意北京市试办北京铸锻工业公司（托拉

斯），把全市的铸锻工业组织起来，统一领导。

8月　自来水公司水源六厂扩建工程竣工，扩建后日供水能力为12.5万吨。

8月　北京维尼纶厂建成投产。

11月3日　中共北京市委发出《关于粮食工作的指示》。该指示指出，做好粮食工作，科学分配征购任务，合理调整和稳定农民负担，节约和储备粮食，真正做到藏粮于民，可以进一步团结广大人民群众，加速生产发展，加强备战备荒工作，是具有战略意义的大事。

11月20日　高教部举办的直属高等学校自然科学研究和生产展会展出了北京大学关于人工合成结晶牛胰岛素的研究成果。

本年　按1957年不变价计算，工农业总产值64.2亿元，其中工业总产值59.2亿元、农业总产值5.0亿元。当年基本建设投资额7.9亿元，“三年调整”时期累计17.2亿元。社会商品零售总额19.66亿元（包括农业生产资料1.12亿元）。外贸出口总值0.49亿美元。地方财政收入10.98亿元。全年液化石油气销售量163吨。

一九六六年

1月2日 在商业部召开的授奖大会上，北京市天桥百货商场获“全国商业系统标兵”称号。

1月4日—9日 市人委召开全市农业科学技术工作会议。刘仁在会上讲了农业要推广优良品种和种青肥问题，鼓励农业科学家多出成果。

1月11日—16日 中共北京市委、市人委召开全市工业科技工作会议。会议分析了北京市科技工作形势，提出要在赶超上做出新成绩。

1月29日 中共北京市委工业生产委员会召开北京市农业机械工作会议。会议指出，今后工作的方针，应该采取机械化和半机械化并举，实行领导和群众相结合、大中小相结合、土洋相结合的办法，以加快郊区农业技术改造的步伐，促进农业生产的稳产、高产。

3月11日 中共北京市委、市人委召开春季植树造林工作会议，号召全党全民积极动手掀起植树高潮。

3月27日 北京市街道工作会议召开，强调街道工业要服从国家建设和人民生活的需要，走“小而专”的路子。北京市街道工业产品上千种，其中60%纳入了国家计划；参加生产的有10多万居民，其中80%以上是家庭妇女。

4月30日 大型革命现代芭蕾舞剧《白毛女》在北京公演。

4月 京密引水工程二期工程竣工。二期工程从昌平县西崔村经昆明湖至罗道庄，后增挖至玉渊潭，全长 57 千米。

7 月 23 日—31 日　北京科学讨论会 1966 年暑期物理讨论会举行。亚洲、非洲、拉丁美洲和大洋洲 30 多个国家的 100 多位科学家参加了会议。

9 月 26 日　市人委经济区建设办公室成立，其任务是加强对北京市“小三线”建设、北岳经济区建设和支援“大三线”建设工作的领导。

9 月　北京起重机器厂试制成功我国第一台 8 吨液压传动汽车起重机、16 吨传动轮胎起重机。

本年　按 1957 年不变价计算，工农业总产值 76.42 亿元，其中工业总产值 71.52 亿元、农业总产值 4.9 亿元。

一九六七年

2月14日 国家计委批准石油部在北京房山县建设一座炼油厂。石油部将其定名为东方红炼油厂。

4月20日 北京市革命委员会（简称市革委会）成立，宣布中共北京市委、市人委的党、政、财、文各项大权即日起归市革委会。

6月17日 中国自行设计、制造的第一颗氢弹爆炸成功，北京市各界集会庆祝。

7月3日 北京航空学院师生停课后开始复课。这是首都大专院校第一所复课的高校。9日，北京市石景山中学、草场地中学等45所中学师生停课后复课。11日，首都58所大专院校师生复课。

9月13日 经冶金工业部批准，石景山钢铁公司更名为首都钢铁公司。

10月9日 北京25中、22中、女8中、女12中的一些高中生和初中生前往内蒙古当普通社员。这是北京市第一批到内蒙古插队的知识青年。

11月29日 中国最大的一台太阳无线电望远镜在中国科学院北京天文台安装调试成功。

12月10日 中共北京市委、市人委召开郊区农村分配工作会议。会议要求，在分配工作中认真贯彻“备战、备荒、为人民”的指示，兼顾国家、集体、个人利益，正确处理积累和消费的关系；在分配工作中还应处理好有关的9项政策。

本年 按1957年不变价计算，工农业总产值69.75亿元，其中工业总产值64.69亿元、农业总产值5.06亿元。住宅竣工面积20.1万平方米，仅高于1949年和1950年。

一九六八年

1月5日—10日 市革委会、北京卫戍区联合召开北京市军工生产、建设座谈会。会议认为，北京市“小三线”的生产、建设从搬迁、定点到试制、生产，取得很大成绩。

2月6日—12日 市革委会召开全市农村抓革命、促生产工作会议，要求在安排今年农业生产的时候，必须贯彻“备战、备荒、为人民”的方针。

3月 首都体育馆建成。该馆能容纳1.8万名观众，是四季可制造人造冰面的现代化体育馆。10月，该馆交付使用。

4月26日 市革委会和北京卫戍区在《北京市“三支两军”工作情况报告》中指出：驻京部队、机关共派出1.9万多名干部、战士，分别在210个工厂、企业、机关执行军管任务，在18个区县和252个人民公社、国营农场执行支农任务，在834所小学、376所中学和50所大学执行军训任务。

9月20日 一台10万千瓦的火力发电机组在石景山发电厂正式投产。

11月4日 市革委会在《关于市级机关精简情况的报告》中指出：原市级机关，除去旧市委、旧市人委和旧工、青、妇团体等单位（2285人）已集中学习以外，还有48个局、委（不包括公安局和体委），工作人员由8763人减到1320人，比原来减少85%。局级机构合并为18个。其中，工交系统由17个合并为5个，财贸系统由 11 个合并为 4 个，农林系统由 4 个合并为 1 个，城建系统由 8 个合并为 1 个。

12 月 26 日 根据毛泽东的指示，市革委会召开动员全市知识青年上山下乡大会，号召知识青年到农村去，接受贫下中农的再教育。

本年 按 1957 年不变价计算，工农业总产值 73.2 亿元，其中工业总产值 68.21 亿元、农业总产值 4.99 亿元。

一九六九年

1月25日 市革委会发出《关于知识青年和城镇居民上山下乡工作中几个问题的通知》。该通知规定：干部下放劳动，允许他们携带家属子女一起去；知识青年和初、高中毕业生，凡在农村有直系亲属的，应动员他们回乡参加农业生产；城市居民到农村安家落户的，应动员他们携带子女一起回原籍。

3月28日 市革委会发出《关于北京市1969年城乡居民棉布定量及有关事项的通知》。该通知规定：凡有北京市正式户口的城乡居民，1969年每人发给布票17.3尺。

6月16日 市革委会发出《关于1969年中学毕业生上山下乡问题的通知》。同日，召开动员知识青年上山下乡大会。

6月 北京市各级领导和广大贫下中农响应毛泽东关于医疗卫生工作的号召，大力培养"赤脚医生"。

8月27日 市革委会批转市计划组关于编制北京市工农业生产长远规划的初步意见。该规划提出：农业要提高本市粮食自给水平，力争到1975年粮食自给达到80%左右；工业要在1975年前初步建成一个以石油化工、机械仪表和冶金工业为重点的工业体系；提高本市工业产品自给率，除煤炭、木材、有色金属外，其他产品的自给水平要达到80%以上。

9月27日 东方红炼油厂建成投产。总规模为年加工原油250万吨，总投资1.3亿元。

9月28日 首都钢铁公司“八五〇”初轧车间建成投产。

9月 北京市人民防空领导小组成立，各级相应成立防空领导小组。全市开展了群众性的挖防空洞、防空壕的活动。

9月 北京东安市场拆除后统建的大商场更名为东风市场并开始营业。营业大厅面积为2.7万余平方米。

10月 北京地下铁道一期工程（北京火车站—石景山苹果园）完工，全长23.6千米，设17座车站和1座地面车辆段。

12月9日—12日 市计划组、市工交城建组、市农林组召开工业支援农业工作会议。要求工厂帮助社队管好、用好现有的农业机械，建立农机修配站；帮助山区人民办水、办电，提高农业机械化水平；国营工厂可以把废旧机床和机电设备按废钢铁作价支援农业。

12月15日 天安门城楼翻修工程正式开工。经建筑工人日夜奋战，施工不到100天便全部竣工。

本年 按1957年不变价计算，工农业总产值101.83亿元，其中工业总产值97.23亿元、农业总产值4.6亿元。

一九七〇年

3月23日 根据周恩来在国务院召开的延安地区插队知识青年座谈会上的指示，北京市制定《北京市支援延安地区建设的初步意见》，有计划地支援延安地区经济、文化建设，决定提供价值205万元的农田基本建设设备及广播器材、医疗卫生用品。

4月24日 中国成功发射第一颗人造地球卫星。首都人民连夜涌向天安门广场，欢呼庆祝。

5月16日 北京玻璃总厂的科技人员和工人设计并成功制造一台大型单晶炉，生产出可控硅元件所需的大面积硅材料。

5月22日 北京市1200名干部赴延安地区"插队落户"，参加劳动，并协助管理本市赴该地区插队的知识青年工作。

5月 北京友谊医院、工农兵医院（同仁医院）、宣武医院、积水潭医院的65名医务人员组成首批赴延安地区开展巡回医疗的医疗队。到1971年10月，共医伤治病6.7万余人次，做手术1365例，抢救危重病人236名。

6月1日 市革委会向中共中央、国务院报送《关于贯彻全国计划会议精神的情况报告》，提出北京市1970年计划和第四个五年计划的初步设想。设想的主要内容是工业要抓紧军工生产，大力支援三线建设，提高配套自给率，狠抓质量；大力发展以电子为中心的尖端技术，在全国和华北地区的统一规划下，建成一个以冶金工业、石油化学工业和机械仪表工业为重点的、具有现代技术水平的工业体系。

农业要突出抓好农田水利、平整土地等基本建设。

6月27日 中共中央批转《北京大学、清华大学关于招生（试点）的请示报告》。该报告规定，高等学校招生废除考试制度，“实行群众推荐、领导批准和学校复审相结合的办法”，招收“工农兵学员”。此后，北京部分高等学校开始招生复课。

7月20日 市革委会转发国务院业务组批复，成立北京石油化工总厂，统一领导石油化工区各生产企业、有关建设单位和科研设计机构。

9月10日 二七机车车辆厂试制成功北京型5400马力液力传动货运内燃机车。

10月 市革委会先后派出5个慰问团分赴云南、黑龙江、内蒙古、延安等地慰问北京知识青年。

10月 中国第一座城市立交桥——复兴门立交桥建成。

本年 按1957年不变价计算，工农业总产值134.8亿元，其中工业总产值129.2亿元、农业总产值5.6亿元。当年基本建设投资额8.7亿元，“三五”时期累计29亿元。

一九七一年

2月 北京市饮食、百货、副食等7个行业部分单位学习上海星火，开设早晚服务部和日夜商店。

3月10日—15日 中共北京市第四次代表大会召开。参加大会的代表1269名。吴德代表北京市革命委员会党的核心领导小组，向大会作工作报告。大会选举产生中共北京市委第四届委员会及市委委员和候补委员。会议在“文化大革命”的“左”倾错误背景下召开。

6月 市革委会召开北京城市建设和城市管理工作会议。会议提出要重新编制首都城市建设总体规划的设想，并成立北京市城市规划领导小组。

7月13日 市革委会颁布《关于加强城市建设管理工作的几个规定和办法的通知》。该通知提出：首都的城市建设必须按统一的规划进行；在京的一切新建、扩建、改建、翻建的建筑工程和市政设施，由市规划部门统一规划，并核发施工许可证后，方可施工；一切擅自占用的土地和违章建筑，要区分情况严肃处理。

8月12日 中共北京市委向中央呈报《关于“三废”管理工作的情况报告》。该报告列举北京市“三废”危害的严重情况。市区每天排出废水约100万吨，其中工业废水近60万吨，工业废水中的有毒物质已污染地下水，并有扩大趋势，还使市区的几条排水河道成了污水河，使官厅水库、密云水库也受到了污染。工业废渣每年约200多万吨，造成堆渣占地很多。北京局部地区的大气污染程度比较严重，与钢铁、化学等工业有直接关系。

8月 北京市针对近郊菜粮间种等问题作出决定：菜区粮食生产定量不定销、超产不超购，保证菜农吃到420斤口粮；要求外出搞副业而影响菜田管理的菜农都回来；成立蔬菜办公室，加强蔬菜产销的领导，协调农商关系。

12月6日 中共北京市委在《关于北京市绿化工作的意见》中指出：目前全市林木覆盖率为12%，尚有480万亩荒山、荒滩和大量"四旁"（村旁、地旁、宅旁、路旁）没有绿化；要求做好城乡绿化规划，发动群众大搞育苗，公园要结合生产种些果树和油料作物等。

本年 北京鼓楼医院响应国家支援边远地区的号召，进驻青海省玉树州人民医院开展医疗帮扶。

本年 按1957年不变价计算，工农业总产值163.4亿元，其中工业总产值157.3亿元、农业总产值6.1亿元。按1970年不变价计算，工农业总产值118.8亿元，其中工业总产值110.6亿元、农业总产值8.2亿元。

一九七二年

2月3日　经国务院批准，冶金部将首钢下放给北京市，以市为主，实行双重领导。3月，中共北京市委决定，市冶金局与首钢合并为首都钢铁公司。

2月21日　北京郊区农村生产大队实现队队通电。

3月17日　北京市召开“三废”治理综合利用工作会议，传达周恩来有关指示：发展工业要注意变有害为有利；综合利用是大问题，要立志赶超世界水平。5月—6月，北京市多次召开会议，落实“三废”治理的重点项目和单位。

4月10日　北京市文物管理处与中国科学院考古队组成元大都考古发掘队，开始在后英房元代居住遗址动工发掘。6月10日，发掘工作基本结束。该遗址东西长46米、南北宽29米，总面积1330平方米，出土文物有宋紫金石长方砚、铜器、瓷器及古钱币等。

6月23日　根据国务院决定，成立官厅水库水源保护领导小组，万里任组长。随即赴大同、张家口、沙城等官厅水库上游地区检查落实污水排放处理方案。

7月8日　市革委会向中共中央、国务院呈送《关于当前在北京市发生几种传染病的情况报告》。该报告指出，入夏以来，气候干旱，特别是农村的饮水卫生不好，苍蝇密度比往年增高，痢疾、肝炎、伤寒、疟疾、红眼病（急性角膜炎）等几种传染病感染人数在城乡比往年增多。北京市已发出紧急通知，采取措施控制，扑灭疫情。

9月13日—16日 北京市国营农场座谈会召开。本市共有国营农场15个、职工3万人、社员28万人、耕地71万亩，是首都副食品生产和良种繁育的重要基地。会议要求：有集体所有制生产队的国营农场，要实行统一领导、统一计划、分别核算的原则。

9月14日 北京市“三废”治理规划调查会召开。会议提出全市治理的重点是三渣（矿、灰、钢）、四烟（黑、红、黄、灰）、五毒（酚、氰、汞、铅、苯）。

10月 北京建国门外3项重要外事工程——外交公寓、国际俱乐部、友谊商店陆续竣工交付使用，建筑面积共5万多平方米。

11月12日 市革委会在《关于当前北京市公共交通情况的报告》中指出：6年来，北京市的公共交通车辆由1965年的1705辆增加到2047辆，行驶路线由122条增加到193条，营业路线总长度由2512千米增加到7541千米；全市农村233个公社除15个山区公社外全部通了汽车。

12月7日 市革委会批转市农林组、市财贸组《关于开展农村副业生产的意见》。该意见提出：郊区在抓紧粮食生产的同时，要搞好多种经营，巩固集体经济和增加社员收入；要进一步落实党在农村的各项经济政策，正确划分经营范围；副业生产要因地制宜，统筹安排等。

本年 按1970年不变价计算，工农业总产值125.13亿元，其中工业总产值116.9亿元、农业总产值8.23亿元。

一九七三年

5月18日　中共北京市委在《关于北京环保工作情况的报告》中指出：1972年全市共完成180多个环保项目，重点开展水和气的治理；1973年—1975年，环保工作主要以保护水源为主，同时抓紧有害废气、废渣和噪声的治理。

6月24日　国务院批准北京石油化工总厂建设30万吨乙烯及5套配套装置的工程计划任务书。

7月4日　北京卫星通信地面站一号站建成投入使用。该站通信容量为60条话路和1路双向彩色电视，通过太平洋上空的国际通信卫星与亚洲、美洲、大洋洲的国家和地区开通直通电路。

7月11日—18日　北京市科学技术会议召开。会议根据全国科技工作会议的精神，决定恢复市科学技术协会及专业学会，恢复北京市科技情报所。8月31日，市革委会转发会议纪要，要求各区、县、局建立健全科技管理机构，把科技工作认真抓起来。

8月25日—9月6日　亚洲、非洲、拉丁美洲乒乓球友好邀请赛在北京举行，来自亚洲、非洲、拉丁美洲等86个国家和地区的乒乓球代表团和其他朋友共1100多人参加这次盛会。

8月26日　由北京大学、北京有线电厂和燃化部等共同设计的中国第一台每秒钟运算100万次的集成电路电子计算机试制成功。

8月29日　市革委会、一机部提出《关于发展北京汽车工业的意见》，拟在“四五”计划期间，汽车生产能力提高到2.5万辆，其中“212”吉普车2万辆、北京“130”两吨载重汽车5000辆。

9月8日 巴黎—北京空中航线正式通航。

9月18日 市革委会决定成立知识青年上山下乡办公室。

9月21日 为把首都建成清洁城市，市革委会决定将化工五厂、农药二厂、制药三分厂、红旗化肥厂、稀有金属提炼厂和厂桥装订厂的砷化镓车间迁至通县张辛庄工业区。

10月1日 北京、天津、上海三大城市试播彩色电视节目成功。

10月15日 中共北京市委和市革委会召开平整土地会议，部署今冬明春郊区农田基本建设工作，要求大干、苦干、实干3年，把郊区耕地基本平整好，尽快改变郊区农业面貌，并成立平整土地指挥部。

12月12日 市革委会发出《关于加强首都环境卫生管理的暂行规定》。规定在三环路以内地区，严禁晾晒粪便和设置堆肥场；使馆、机场附近及近郊居民集中居住区，不准养鸡、兔、狗等家禽和家畜；不要随地吐痰、乱扔瓜果皮等。

12月23日 市革委会批转市计委《关于改进区县工业管理体制的初步意见》。目前本市18个区县共有工业企业1287家，职工21.85万人，1972年产值14.8亿元，但存在缺乏统一领导、全面规划等问题。市革委会要求对区县工业企业实行集中领导、分级管理、按行归口、条块结合的办法，要求区县工业坚持为支援农业、为城市人民生活、为大工业配套和为出口援外服务的方针。

本年 中国民航已建立以北京为中心的80多条国内民用航线，连接全国20多座城市，同100多家外国航空公司建立了业务往来。

本年 按1970年不变价计算，工农业总产值134.69亿元，其中工业总产值125.5亿元、农业总产值9.19亿元。地铁线路长度23.6千米，年客运量1137万人次。

一九七四年

1月 北京无线电三厂在有关单位的支援配合下，试制 DJS－130 计算机成功。8 月，四机部在清华大学召开鉴定会。该计算机是首批采用集成电路的计算机之一，标志着我国系列化计算机的起步。

4月5日 市革委会批转市环保部门《关于 1973 年环境保护工作情况和 1974 年任务的报告》。1973 年本市治理污水源 60 个，有 41 个正在治理；对 4600 台锅炉采取了消烟除尘措施。

5月30日 市计委向中共北京市委提出《关于编制十年规划工作情况的报告》。该报告指出：规划的任务和目标是把首都建成一个具有现代工业、现代农业、现代科学文化和现代城市设施的清洁城市；工业要建成以钢铁、煤炭、石油化工、机械仪表为重点的现代化的工业基地；工业发展主要靠技术改造，新建企业原则上放到远郊。规划要求着重解决城市建设中“骨头”和“肉”的矛盾（“骨头”指城市主体建设，“肉”指城市基础设施、生活服务设施）。

6月10日 中国科学院数学研究所所属工厂的工人、科技人员和干部三结合，研制成功长城 203 高级台式电子计算机。

9月10日 中共北京市委在《巩固发展农村合作医疗的情况报告》中指出，北京市 14 个郊区、县建立合作医疗的大队已达 94%，共有“赤脚医生”13800 余人，平均每个大队 3 ～ 4 人。县、社、队三级医疗预防网已初步形成，正在改变着农村缺医少药的状况。

9月 北京饭店新楼建成开业，建筑面积 8.85 万多平方米。

10月29日 中共北京市委科教组讨论组织科学技术会战问题，决定在电子工业自动化、石油化工、城建、医药卫生、新技术等5个方面组织一些重点项目的会战。

10月29日 北京—卡拉奇—巴黎航空线通航。

11月19日 德黑兰—北京—东京航空线通航。

11月27日 北京—德黑兰—布加勒斯特—地拉那航空线通航。

12月22日 市革委会决定在大兴红星公社等3处兴建可容100万只鸡的机械化养鸡场。

本年 北京国棉三厂、市纺织研究所和山西纺织机械厂协作研制成功200锭气流纺纱机。

本年 清华大学、北京无线电三厂和半导体器件三厂等单位研制出130小型多功能积木式电子计算机。

本年 北京阜外医院在国内首次成功进行冠状动脉搭桥术，并研制成功人造心瓣膜（生物）用于临床。

本年 按1970年不变价计算，工农业总产值146.78亿元，其中工业总产值136.76亿元、农业总产值10.02亿元。农业机械总动力第一次超过百万千瓦，达到101.7万千瓦。

一九七五年

1月1日 市革委会“三废”治理办公室改名为市革委会环境保护办公室。

3月3日—6日 市革委会环境保护办公室召开密云水库水源保护会议，对目前密云水库、怀柔水库的重点污染源提出解决意见。

3月11日 市革委会转发国务院批转农林部、商业部《关于发展蔬菜和其他副食品生产的意见》，提出：近郊区要坚持以菜为主；远郊区要在发展粮食生产的同时，积极发展多种副食品生产；大城市要试办一些机械化养猪场、养鸡场。

4月10日 市革委会转发《关于密云水库水源保护会议情况的报告》。该报告指出，密云水库、怀柔水库水系已受到一定程度污染，沿两个水库水系有43个重点污染源，有一些污染严重的厂矿还在兴建或计划兴建。必须着手加强防治，争取两三年内解决污染问题。

5月6日—9日 市革委会召开全市环境保护会议。要求继续完成保护水源和消除烟尘两个会战，同时开展对废渣和噪声的治理。

5月7日 市革委会向国务院报告北京市消烟除尘工作情况。根据周恩来关于“在最短期间迅速解决烟囱黑烟问题”的指示，北京市从1972年起重点在城近郊区开展群众性的消烟除尘工作。3年来在锅炉、工业窑炉、茶炉消烟除尘治理方面取得了一些成绩，城市里烟雾弥漫的状况仍相当严重，非采暖期烟尘超过国家标准1～2倍，采暖期超过3.3倍，石景山地区最为严重。北京市将采取狠抓重点、大力改变基建工作燃料构成等措施，以尽快解决问题。

5月28日 市农业科学院和市科学技术局在《关于郊区四级农科网情况的报告》中指出，目前，全市有10区（县）已建立农科所，90%的公社、70%的大队、60%的生产队建立了科技组织。7月17日，市革委会转发该报告，要求各区县切实加强四级农科网工作。

6月23日 秦皇岛至北京的输油管道建成投产，大庆原油通过输油管道到达北京石油化工总厂。秦京输油管道长355千米，年输油能力600万吨。

7月10日 市革委会转发《关于城近郊区街道办服务事业情况的报告》。该报告指出，去年8月街道服务事业座谈会后，城近郊区8个区街道的“三站、两代、一所”（即服务站、儿童校外活动站、红医站、代销店、代营饭馆、托儿所）等服务企事业发展很快，截至1975年4月底已达3100多个点，共2.1万多名职工。市革委会要求各级革委会要加强领导，总结经验，把这项工作进一步做好。

8月6日 市革委会批转市教育局的文件中指出，全市农村扫盲工作任务还远未完成，有些县15～45岁的青壮年中文盲、半文盲约占40%。市革委会要求各区、县、公社都要把扫除文盲和普及教育列入议事日程，采取有力措施，在三五年内完成扫除文盲的任务，同时要切实抓好普及小学教育工作，防止新文盲的产生。

8月8日—13日 市革委会召开全市科学技术工作会议。

8月12日—15日 为贯彻中共中央《关于加强铁路工作的决定》和全国铁路治安工作会议精神，经市委批准，铁路、交通安全工作会议召开，提出：各级党委必须对首都铁路、交通安全工作十分重视，切实加强领导；要建立健全交通安全组织；进一步整顿铁路、交通秩序；打击阶级敌人的破坏活动；整顿工作中认真执行党的政策；改进和加强铁路、交通管理部门的自身工作等。

8月20日 市革委会在转发《国务院批转卫生部关于全国卫生工作会议的报告》时指出，各级革命委员会要继续坚持“把医疗卫生工作的重点放到农村去”，办好合作医疗，建立一支亦农亦医的“赤脚医生”队伍。

11月27日 市革委会文化卫生组在《关于北京市地方病防治工作的情况报告》中指出，北京地区甲状腺肿主要在延庆、怀柔等10区（县），病人约30万，病情较重的有2万人左右。经大力推广碘盐，患病率普遍下降。

本年 按1970年不变价计算，工农业总产值159.1亿元，其中工业总产值148.4亿元、农业总产值10.7亿元。当年固定资产投资额18.7亿元，“四五”时期累计58.1亿元。

一九七六年

2月21日 中共北京市委、市革委会举行大会，欢送到农村和青藏高原、边疆地区工作的466名应届大专院校工农兵毕业生。

3月6日 中国科学院化学研究所与北京分析仪器厂协作，研制成功具有国际先进水平和我国独创特点的新型比表面积及孔径分布测定仪，并决定成批投入生产。

4月21日 北京、上海、杭州之间的中同轴电缆1800路载波通信干线建成投产。线路全长1700多千米，纵贯8个省、市，可使沿途主要城市之间的数千人同时通话。

5月8日 东方红炼油厂乙烯、丁二烯、高压聚乙烯和聚丙烯4套装置先后试车成功，并投入生产。

5月12日 邮电部建成以北京为中心、连通全国20多个省区市的微波通信干线。

5月16日 延庆白河引水工程输水隧洞打通。隧洞长7110米、宽2.9米。工程于1971年9月动工，是北京最长的输水隧洞。

5月24日 国务院对北京市1976年基本建设综合计划作出批复。批复指出，自1976年开始，在前三门大街和西二环路进行成街成片的房屋统建，在东郊、南郊工业区附近建设成片居住区，并相应改善城市交通和供气、供热、供水等设施。

6月3日 市革委会转发《关于北京市1976年环境保护工作任务的报告》。该报告指出，北京市几年来在环境保护方面采取一系列措施，取得了一定成绩。但目前有害的废水、废气、废渣仍然大量排放流失，随着工业的发展，还将产生新的污染。根据国务院环境保护领导小组要求，北京市环境保护工作的规划是3年控制污染，5年基本消除污染，10年建成清洁城市。

7月1日 北京长话大楼（即北京长途通信枢纽）建成投入使用，建筑面积近5万平方米，具有电缆、明线、短波无线、微波及卫星通信等各种通信传输手段。

7月17日 市革委会科教组、市计委、市建委、市财贸组在《关于北京市七二一工人大学发展情况和意见的报告》中指出，到6月底，七二一工人大学已发展到487所，在校学生达3.2万人。

8月 北京市第一机床厂研制成功我国第一台X9721型转子槽铣床。这是当时世界上最大规格的转子槽铣床，具有世界先进水平。

本年 按1970年不变价计算，工农业总产值166.7亿元，其中工业总产值155.73亿元、农业总产值10.97亿元。

一九七七年

1月14日 30万吨乙烯工程在北京建成投产，标志着我国新兴的石油化学工业大踏步地向前迈进。

2月15日 北京无线电技术研究所和北京邮电学院、天津无线电厂等单位联合研制成功CDP-1型光电结合的彩色影片电视电动配光机，填补了我国电影工业自动化配光的空白。

4月12日 北京石油化工总厂输往北京城区的46千米石油液化气管道正式通气。

4月22日 中共北京市委在关于在北京建设机械化养鸡场、养猪场的请示报告中提出：先建容4万只种鸡养鸡场、容20万只蛋鸡养鸡场、存栏万头猪的猪场和饲料加工厂4个试点项目；计划到1980年建成年产200万只蛋鸡的机械化养鸡场和年存栏50万头猪的机械化养猪场。

5月25日 北京市团结湖、劲松两个住宅小区建成，总建筑面积为69万平方米。

8月10日 国务院决定从1977年10月1日起提高工作多年、工资偏低的职工工资。北京市的调资工作从10月开始试点，到1978年5月结束。全市调整工资的职工占职工总数的43.9%，平均每人每月增加工资6.21元。全市县以上集体所有制单位也参照进行了调整工资工作，调资面为49.35%。

8月13日—9月25日 第二次全国高等学校招生工作会议在北

京召开。会议决定1977年恢复高等学校招生考试工作。

8月 按照教育部规定，北京市改革中等学校招生制度，采取统一文化考试、德智体全面衡量、择优录取的办法。

10月5日 中共北京市委向中央报送《市建委关于建立住宅专业施工队伍加快住宅建设的报告》，提出：到1980年底，力争全市建成百万平方米的住宅，平均每年建170万平方米；之后，随着国民经济进一步发展，以及施工部门劳动生产率的逐年提高，达到平均每年新建住宅200万平方米或者更多。

10月8日—14日 北京市科学技术大会召开，1340项重要科技成果获奖，556名先进科技工作者和238个先进集体受到表彰。

10月27日—11月1日 市革委会召开全市卫生系统科技大会。大会表彰在医药卫生科技工作中做出优异成绩的先进集体85个、先进工作者125人、科技成果344项。大会动员全市医药卫生科技人员向科学技术现代化进军，以优异成绩迎接全国科学大会的召开，为我国实现“四个现代化”作出贡献。

12月10日—12日 北京市举行粉碎“四人帮”后首次高等学校招生的统一文化考试。参加高考的有15.89万人。

12月28日 北京市神经外科研究所王忠诚教授等完成“枕动脉—小脑后下动脉—大脑中动脉吻合术治疗脑缺血性疾患”手术，达到国际先进水平。

本年 按1970年不变价计算，工农业总产值178.77亿元，其中工业总产值168.14亿元、农业总产值10.63亿元。高等院校28所，有教师、员工51968人，在校学生40846人，招生14605人。

一九七八年

1月8日 中共北京市委财贸部发出通知，号召全市财贸战线职工学习市劳动模范张秉贵的先进事迹，作张秉贵式售货员。

2月11日 中共北京市委批转市工业交通办公室《关于按照专业化协作的原则改组工业的意见》。该意见指出，28年来，北京市工业从无到有，从小到大，有了很大的发展。首都已经从一个消费城市逐步建成为以钢铁、石油化工、机械仪表为重点，包括轻纺工业在内，门类比较齐全的新兴工业基地。随着工业发展，工业管理也带来了一些新的问题，主要表现在：一是领导多头，管理分散；二是专业化协作水平很低。这同高速度、高水平发展国民经济的要求不相适应。为把首都工业改组好，提出一系列具体措施。

2月17日 经国务院批准，教育部决定恢复和办好全国重点高等院校。第一批为88所，其中19所在北京，它们是北京大学、清华大学、北京师范大学、中央民族学院、北京航空学院、北京工业学院、北京钢铁学院、北方交通大学、北京化工学院、北京邮电学院、北京农业大学、北京农业工程大学、北京林业大学、北京医科大学、北京中医学院、北京外国语学院、对外经济贸易大学、北京体育学院、中央音乐学院。此后，中国人民大学、国际关系学院、首都医科大学也被公布为全国重点高校，北京地区共有22所全国重点大学。

2月22日 中共北京市委、市革委会召开会议，提出今后3年要大力提高“三夏”“三秋”农田作业机械化水平，加速发展以养猪、养鸡为重点的副食品生产机械化。

2 月 27 日　海淀区玉渊潭公社建成京郊第一座现代化大型蔬菜温室。

3 月 18 日—31 日　全国科学大会在北京举行。邓小平致开幕词。大会宣读郭沫若题为《科学的春天》的文章，表彰优秀科研成果。北京医疗机械所顾本广等研制成功的 BJ–10 医用直线加速器获全国科学大会成果一等奖。

3 月 31 日　北京—卡拉奇—亚的斯亚贝巴航空线通航。这是我国通往非洲的第一条国际航线。

4 月 11 日　中共北京市委、市革委会召开会议，部署开展爱国卫生运动。会议号召全市人民立即行动起来，在“五一”节前彻底清除 50 万立方米渣土，管理好 5000 个无人负责的公厕，控制 5 万个蚊蝇孳生地；改善首都城乡卫生面貌，恢复首都“无蝇城”的荣誉。

5 月 24 日　全国第一套自行设计和制造的液化石油气机械灌装流水线在北京市煤气公司南郊灌瓶厂建成投产。

5 月 29 日　市革委会批转本市《1978 年到 1985 年科学技术发展规划纲要（草案）》。要求 8 年内，全市要抓紧落实市科技规划提出的 6 个重点科技领域的 13 个重点项目 58 个重点课题。同时，要加强科研队伍、科研机构的建设。

5 月　市计委、市科委和市委组织部联合召开科技干部工作会议，提出应适当调整专业不对口的科技人员的工作问题。到 7 月 12 日，全市已有 751 名专业不对口的科技人员的工作得到调整。

7 月 25 日　市革委会转发国家经委《关于开展“质量月”活动的通知》。要求通过“质量月”活动把产品质量提上去。

8 月 15 日　市科协召开 43 个学会理事长、秘书长联席会议。本市原有的 43 个自然科学学会已全部恢复组织，开展活动。

8 月 北京市西单百货商场施工兴建一幢 4 层商场大楼，面积为 3.2 万平方米，成为营业面积仅次于北京百货大楼的百货商场。

10 月 20 日 邓小平视察北京前三门高层住宅建筑时指出：今后修建住宅楼时，要布局合理，增加使用面积，更多地考虑住户的方便，如尽可能安装一些淋浴设备等；要注意内部装修美观，多采用新型轻质建筑材料，降低房屋造价。

10 月 31 日—12 月 10 日 全国知识青年上山下乡工作会议在北京举行。会议决定彻底改变插队政策，将上山下乡纳入劳动就业的渠道。

11 月 12 日 市革委会转发市环境保护办公室、市调整工业办公室《关于通过工业调整改组，解决部分工厂三废污染及噪声扰民问题的报告》，35 个污染、噪声扰民的工厂（车间）被列为第一批限期治理项目。

11 月 13 日—16 日 中共北京市委、市革委会召开爱国卫生运动工作会议，号召全市人民迅速行动起来，掀起爱国卫生运动新高潮。

11 月 22 日—25 日 中共北京市委召开大学扩大招生工作会议，确定首都 24 所大学分别设立 36 所分校，扩大招生约 1.6 万名。

12 月 18 日—22 日 中共十一届三中全会在北京举行。会议作出把全党工作重点转移到社会主义现代化建设上来的战略决策。决定加快农业的发展，提出要注意解决好国民经济重大比例严重失调的问题，健全社会主义民主和加强社会主义法制。1979 年 1 月 16 日—25 日，中共北京市委召开工作会议，学习贯彻中共十一届三中全会精神，明确把全市工作重点转移到社会主义现代化建设上来。

本年 前三门大街住宅楼基本建成。总建筑面积近 60 万平方米，其中住宅面积近 40 万平方米，共 31 幢，可住 7200 户 3 万多人。

本年 按1970年不变价计算，工农业总产值205.3亿元，其中工业总产值193.2亿元、农业总产值12.1亿元。接待入境旅游18.7万人次，国际旅游收入1亿美元。

一九七九年

2月24日 市革委会转发首都城市建设领导小组《关于北京城市建设的意见》。该意见指出：解放以来，北京市新建房屋6700万平方米，相当于解放时全市房屋面积的3倍多。北京市在加快城市建设的同时，要注意严格控制市区规模；加快旧城改造，认真实行统一计划、统一投资、统一设计、统一施工、统一分配、统一管理；在近两三年把群众住房工作放在首位。

3月21日 即日起，海淀区有蔬菜上市任务的8个公社试行蔬菜自产自销，由社员直接上市卖菜。

4月 中共北京市委召开农村工作会议，提出北京的农业要坚持为大城市服务的方针，迅速把郊区建设成首都现代化的副食品生产基地。强调在切实保证生产队的统一核算和分配、在有利于巩固集体经济的基础上，生产队一级可以实行“包工到作业组，系产量计算劳动报酬，超产奖励”的生产管理办法。

5月7日—29日 中共北京市委召开工作会议，要求根据中共中央提出的“调整、改革、整顿、提高”的八字方针，结合北京实际，做好国民经济的调整工作，压缩基建投资，开展增产节约运动，同时做好思想工作。

5月12日 市革委会召开环境保护工作会议。会议要求各级领导把环境保护工作真正列入议事日程，把保护环境工作作为考核企业完成国家计划的一项指标，为把首都建设成现代化的清洁城市贡献力量。

6月12日—26日 中共北京市委召开知识青年上山下乡工作会议，提出“要广开门路，逐步扩大城市安置能力”。北京市结合本地区具体情况，广开就业门路，大力组织集体所有制和各种生产服务事业，解决了一部分青年的就业问题。8月24日，中共中央、国务院批转北京市关于安排城市青年就业问题的报告。

8月30日 市教育局召开各区、县教育局负责人会议，决定从新学年9月1日起，在全市中小学试行教育部颁发的《中学生守则》和《小学生守则》（试行草案）。

10月 北京长辛店缝纫机架厂、北京自动化工业公司和华北油田开发设计研究院等单位协作研制成功我国第一台用于分析岩层砂样中碳酸盐含量的压力式碳酸盐测定仪，并投入小批量生产。

12月8日 北京市城市生产服务合作总社成立。

12月 中共北京市委、市政府召开郊区各县（区）和市农口各局主要负责人会议，决定郊区中心任务是普遍落实生产责任制。

12月 北京市无线电仪器二厂研制成功我国第一台新型超高频微伏电压校准装置。

本年 按当年价格计算，全市国内生产总值120.11亿元。

一九八〇年

1月3日 中共北京市委、市政府召开发展集体经济、安置待业青年工作会议。林乎加强调，对城市集体经济不能忽视，要解决社会生产、服务行业的缺口，必须依靠群众，广开门路，有关部门要协助街道疏通供销渠道，搞好技术培训，共同做好待业青年的安置工作。会上，各部委办和各有关局表示，要采取有力措施，在货源、信贷、设备、技术等方面对街道企业和合作社给予大力支持，积极扶植集体经济发展。

1月 市委召开常委会，总结前两年农村改革的经验，决定在郊区进一步推广以专业承包、联产计酬为主的各种形式的生产责任制。2月，市委召开农村工作会议，对此进行部署。

2月2日 因京郊出现近年罕见的严重旱情，市政府发出关于抓紧抗旱备耕工作的通知，要求郊区各级政府和市、县有关部门必须立即行动起来，加强领导，发动群众，战胜干旱威胁，夺取夏粮丰收。

2月27日—3月1日 市委召开青少年教育工作会议，决定成立市青少年教育小组，各区、县和街道建立相应机构。

2月 市委、市政府召开山区工作会议，根据北京市山区面积占全市总面积62%的实际，提出要把建设山区作为一项战略任务，并讨论研究林业投资、山区口粮以及价格、税收政策等问题。

3月5日 中共中央、国务院发出《关于大力开展植树造林》的指示。10日，首都植树造林动员大会在人民大会堂召开，共有1万多人参加。

3月20日 共青团北京市委、市教育局召开动员大会，号召全市中学生开展“80年代立志成才，为祖国四化从我做起”活动。

4月1日 市委、市政府批转市劳动局关于1979年待业青年的安排情况和1980年的安置计划。1979年全市待业青年40万人，已安置37.8万人。1980年需要安置的待业青年有23万人，计划通过招工、升学、参军、上山下乡和组织集体经济等方式进行安置。

4月21日 中共中央书记处对首都建设方针提出4项指示：一、要把北京建成为全中国、全世界社会秩序、社会治安、社会风气和道德风尚最好的城市。二、要把北京变成全国环境最清洁、最卫生、最优美的第一流的城市。三、要把北京建成全国科学、文化、技术最发达，教育程度最高的第一流的城市。四、要使北京经济不断繁荣，人民生活方便、安定，就要着重发展旅游事业、服务行业、食品工业、高精尖的轻型工业和电子工业。

4月 市委、市政府发出通知，要求各区（县）、市属各局和各企业事业单位立即行动起来，认真贯彻执行中共中央、国务院关于加强物价管理，坚决制止乱涨价和变相涨价的通知精神，稳定市场物价，进一步发展安定团结的大好局面。

5月31日 北京市出口商品展览会在香港的中国出口商品陈列馆开幕。这是北京市在香港举办的第一次大型综合性展览。

6月13日 市委、市政府在北京工人体育馆召开“贯彻中共中央书记处四条建议，进一步开展爱国卫生运动”动员大会。林乎加讲话，副市长白介夫作题为《全民动员，进一步开展爱国卫生运动》的报告。

6月24日—30日 北京市文学艺术工作者第四次代表大会举行。会议强调，要团结一切可以团结的文艺工作者，发挥他们的才能和智慧，为实现四个现代化的总目标、为繁荣社会主义文化、为实现中共中央书记处对北京工作方针的四条建议而奋斗。

6月 市委召开党校工作会议。会议指出，党校工作要为实现党的总路线服务、为实现中共中央书记处对首都工作方针的四条建议服务。要求各级党委争取在3年内把管理干部轮训一遍。

7月 京郊农村开展第一次致富大讨论。着重解决“敢不敢富”“能不能富”“会不会富”等问题，消除干部群众的顾虑，解放思想，调动生产积极性。

9月2日 北京市首批110多个职业高中班开学。

9月18日 市委发出《关于处理机关、部队挤占私房，进一步落实私房政策的通知》，明确指出，“文化大革命”期间收缴的私人房屋，应一律确认原房主的所有权，把房产退还给房主。11月，中共中央办公厅转发该通知。

10月29日 市政府发出关于建立高等教育自学考核制度的决定，凡自学经考试合格者，发给毕业证书，在使用和待遇上与普通高校毕业生相同。

10月 市政府决定，在内燃机总厂、光学仪器厂、第二毛纺厂、革制品厂、绢花厂5家企业，试行职工代表大会领导下的厂长负责制。

11月4日 市政府发出批转市工商行政管理局《关于允许个体户从事饮食小吃和小商品经营的请示》的通知。

11月7日—10日 市委召开重点中小学工作会议，决定在三五年内，集中市、区（县）的力量，首先办好32所重点中小学。

12月7日 国务院发出《关于严格控制物价、整顿议价的通知》。8日，市政府召开会议，部署贯彻国务院通知要求。9日，作出控制物价的10项规定。

12月24日 北京市从西直门经东直门到朝阳门的快车道和6座立体交叉工程建成。至此，从西直门到东直门、东便门、西便门再到西直门的二环路全线贯通，全长23.3千米。

本年 按当年价格计算，全市地区生产总值139.07亿元。

一九八一年

2月12日—20日　中共北京市委召开工作会议。会议强调要肃清“左”的影响，端正指导思想，坚决落实中共中央书记处关于首都建设方针的四项指示，逐步把首都建设转移到中央四项指示的轨道上来，并决定在全市开展一场“为人民服务，对人民负责”的讨论。

2月16日　中共中央书记处召开（扩大）会议，讨论《北京日报》《内部参考》上刊登的《建成的房屋不能尽快使用的情况》，研究解决办法。会议决定：一、不管是中直机关的，还是国务院机关的，凡是建好了的房子，现在还在扯皮的，限期3个月之内住进人，再不住人，就由北京市没收。二、分配房子时，要首先解决没有房子住或住房十分紧张的困难户。

2月28日　市委、市政府召开市属各部委办和区、县、局负责干部会议，动员全市各行各业开展“为人民服务、对人民负责”的讨论。要求通过讨论，统一干部、职工的思想，树立牢固的群众观点，克服互相扯皮、不主动协作、不负责任的现象，使能办到的事尽快办到，把全市各条战线的工作大大向前推进一步。

4月16日　市委召开儿童少年工作座谈会，传达中央书记处对儿童少年工作的指示。会议决定机关团体、单位的礼堂对儿童开放，增加儿童图书馆，成立市儿童少年福利基金会。8月13日，该基金会成立。

5月29日　北京市第一所为照顾孤老烈军属和残废军人而兴建

的“光荣院”在平谷县落成。

5月 市政府决定，建立八达岭、十三陵两个特区，以加强游览区的管理，促进旅游事业发展。

6月24日—27日 市委召开北京市企业民主管理工作会议，传达贯彻全国企业民主管理座谈会精神。会议指出，企业要实行党委领导下的厂长负责制和职工代表大会制。

7月7日 市委、市政府发出《关于进一步把郊区农业搞活，加快发展农业生产的决定》。规定自1981年起，市财政对京郊部分县实行财政收支包干和粮油购销包干，对部分农副产品确定购留比例，同时，扩大农工商一体化试点，在3个地区进行蔬菜的购销体制改革试点。

9月2日 市委、市政府召开郊区多种经营会议。会议提出“服务首都，富裕农民，建设社会主义现代化新农村”的指导方针，指出在抓紧粮食生产的同时，努力发展多种经营，有计划地建设蔬菜、生猪、牛奶、禽蛋、鲜鱼、果品等生产基地。

9月22日 共青团中央和林业部召开全国青年绿化祖国突击手、突击队表彰大会。北京市昌平县下庄公社团委会、平谷县上营大队团支部、市绿化二大队三中队团支部被命名为全国青年绿化祖国突击队，密云县史庄子大队郭志富被命名为全国青年绿化祖国突击手。

本年 按当年价格计算，全市国内生产总值139.15亿元。

一九八二年

1月22日　《人民日报》报道，首钢实行经济责任制后经济效益提高。1981年上缴利润比1980年增长8.7%；平均每百元产值实现的利润增长10%，达到38.2元；产值利润率由1980年的34.3%上升到38.3%，在全国十大钢铁联合企业中名列第一。

1月　中共中央转发《全国农村工作会议纪要》，对农业生产责任制、改善农村商品流通等政策问题作出规定。中共北京市委召开农村工作会议，贯彻全国农村工作会议精神，要求把完善责任制的重点由联产到组转向联产到劳（劳动力）。至6月底，京郊大田种植业实行专业承包、联产到劳的队占实行责任制核算单位数的42.5%，专业承包、联产到组的占35.5%，包产到户的占6.2%，小段包工、定额计酬的占15.8%。

1月　国务院批准成立首都绿化委员会。

2月8日—11日　市委召开全市建设社会主义精神文明、深入开展“五讲四美”活动工作会议。会议强调，要坚决贯彻中共中央书记处关于首都建设方针的四项指示和市委工作会议精神，一手抓物质文明，一手抓精神文明，并且要把精神文明建设放在首位。

3月1日　北京市根据中央宣传部关于把每年3月定为“全民文明礼貌月”的要求，普遍开展“全民文明礼貌月”活动。号召着重抓好3件事：搞好环境卫生，解决一个“脏”字；整顿公共秩序，解决一个“乱”字；提高服务质量，解决一个“差”字。

3 月 3 日　中共中央书记处决定，将北京官园开辟为中国儿童少年活动中心。8 月 5 日正式开放。

3 月 9 日　市委、市政府发出《关于进一步改进首都蔬菜产销工作的决定》。要求进一步贯彻执行近郊区农业以菜为主的方针，继续坚持蔬菜“以本市生产为主、外地调剂为辅”和“近郊为主、远郊为辅”的原则，认真抓好规划，建设稳定的蔬菜生产基地。

3 月　经全市各有关高等院校的校（系）学位评定委员会通过，至本月初，1981 届的大学毕业生中共有 9200 余人获得学士学位。这是新中国成立以来全市高等院校首次授予大学毕业生学士学位。

3 月　由清华大学、北京汽车微电机研究所、通县微电机厂参加的全市第一个科研生产联合体——京华电器公司成立。

4 月 8 日　市总工会、共青团北京市委、市妇联联合发表《关于制订“首都人民文明公约”的倡议书》。4 月 16 日，市委、市政府发动全市人民广泛讨论，8 月 17 日正式对外公布。

4 月 10 日　市委、市政府召开发展集体经济、安置待业青年会议。会议要求把重点放在广开生产门路和扩大服务领域上。会后，市委、市政府成立统筹城镇青年就业、发展集体经济领导小组。

4 月　我国第一所集体所有制民办大学——中华社会大学在北京成立。

5 月 3 日—6 日　市委、市政府召开讨论改变郊区穷队面貌的会议。强调要进一步贯彻党的政策，调动群众积极性，远山区可以实行包产到户责任制，多给社员划一些自留山。

6 月 8 日　市委、市政府召开各区、县、局等单位负责人会议，传达中央有关精神，部署全市进一步开展“五讲四美”活动的工作。会议要求各部门、各系统加强领导，领导干部要多深入基层，具体解决问题。以治理脏、乱、差为突破口，使首都的卫生状况显著改观，公共秩序进一步好转，服务态度有较大进步。

6月上旬 市委、市政府作出《关于进一步改进首都蔬菜产销工作的决定》，要求近郊区贯彻以菜为主的方针，建设稳定的蔬菜生产基地，任何人不得侵占使用现有菜田。任何单位和个人不得擅自到社队收购合同内的蔬菜，社队和商店不得向“二道贩子”私售商品菜。为了加强对蔬菜工作的领导，市里决定调整、充实市蔬菜领导小组，领导小组下设办公室，列为市政府的常设机构。

8月5日 市委、市政府批转《关于北京市发展养鸡事业的调查报告》。近4年来，北京市养鸡事业得到较快发展，已有国营大型鸡场24座，饲养蛋鸡114万只；集体半机械化养鸡场125座，饲养蛋鸡77万只；散养鸡场1000多座，饲养蛋鸡31万只；社员户养蛋鸡发展到550万只。城市居民食用鲜蛋由外省调入为主变为本市生产为主。

8月 为适应“四化”建设需要，市委选拔33名优秀中青年干部，分别担任郊区县和农口各局的领导职务。其中，年龄在50岁以下的有24名，占72.7%；具有大学或中专以上文化程度的有22人，占66.7%。

10月14日—18日 市委召开郊区县（区）委书记、县（区）长会议，学习落实党的十二大精神。会议强调，郊区各级领导干部要冲破“左”的思想束缚，根据群众自己的选择，实行各种形式的推广责任制，这是调动农民积极性的基本政策，是开创新局面的巨大动力。

10月 市委、市政府决定，10月20至11月20日为“建设精神文明，开展‘五讲四美’活动月”。

10月 市委、市政府批转关于昌平县沙河公社《三年创出新局面》的调查报告，号召郊区县（区）、公社在认真学习党的十二大文件的基础上，学习和参照沙河公社的经验，制订规划，采取措施，力争用三五年或更多一点时间，实现郊区县、社、队总收入翻一番。

11 月 6 日—13 日 中国共产党北京市第五次代表大会召开。段君毅作题为《坚决贯彻党的十二大精神，全面开创首都社会主义现代化建设的新局面》的报告。会议选举产生中共北京市第五届委员会、中共北京市顾问委员会、中共北京市纪律检查委员会。

12 月 17 日 市委根据国务院副总理万里 12 月 15 日视察黄土岗公社时的指示精神，在黄土岗公社召开体制改革试点现场办公会。会议一致同意改变原来政社合一的行政体制和“三级所有、队为基础”的经济体制，并于 1983 年 1 月 1 日正式实施，作为北京市农村人民公社体制改革的试点之一。

本年 按当年价格计算，全市国内生产总值 154.94 亿元。

一九八三年

1月5日 市委、市政府制定在前门、西单两条大街的国营和集体商业、服务业中进行经营责任制试点的方案，并成立领导小组。2月上旬，这些单位全部签订承包合同。至2月底，全市8000多个单位签订承包合同，占全市商业服务业网点的50%。

1月9日 市委、市政府作出决定，从1983年开始，对不同类型的企业实行不同的改革政策，积极稳妥地加快经济体制改革进程。挑选少数大企业实行首钢式的利润递增包干办法；扩大以税代利、自负盈亏试点的范围；对年上缴利润在20万元以下的小型国营企业实行利润包干办法；增加实行浮动工资制的试点企业，切实做到多劳多得、少劳少得、不劳不得。

1月14日 市政府决定改革冶金工业管理体制，撤销冶金局，所属黑色冶金部分并入首钢，另成立市有色金属工业总公司。

1月 市委召开农村工作会议。会议就进一步放宽农村经济政策、搞活经济作出具体规定，指出每个郊区县、社队都可以直接招聘适合农村需要而本人又愿意到农村去的专门人才。

2月20日 市委、市政府发出《关于商业、服务业推行经营管理责任制的补充通知》，指出商业改革要坚持社会主义经营方向，更好地为人民服务；实行经营承包的单位，必须根据群众的需要，按行业、地区确定经营范围，坚持一业为主，兼营别样；认真执行物价政策，严格遵守国务院颁发的《物价管理暂行条例》的规定等；进一步巩固和完善商业、服务业的经营责任制，维护消费者利益，保证商业改革健康发展。

2月23日 市委、市政府在人民大会堂召开表彰1982年“五讲四美”先进集体、动员1983年“全民文明礼貌月”活动大会。大会表彰1104个市级“五讲四美”先进集体，动员全市人民以饱满的热情投身到1983年“全民文明礼貌月”活动中来，争取为首都的精神文明作出更大的贡献。

3月8日—10日 北京市健全企业领导制度经验交流会召开。至此，全市工交、军工、城建、财贸、农林等系统有90%以上的基层企业建立职工代表大会制，有500多家企业民主选举厂长。

3月10日 市政府发出通知，提出加强个体工商户管理的10条措施。

3月11日 市委、市政府召开全市商业、服务业改革经验交流会。会议强调，北京市的商业改革要继续坚决搞下去，下一步工作的重点是搞好企业内部的改革，把责、权、利进一步落实到班组和个人。

3月14日 北京市确定100条大街和10个地区为重点，对“脏、乱、差”现象进行综合治理。

3月30日 市政府召开区、县、局领导干部会议。会议决定从4月1日起，围绕打击刑事犯罪、流氓滋扰以及伤风败俗、诈骗游人和破坏古建筑等不法行为，对全市各公园和风景游览区的治安秩序进行为期一个月的整顿。

4月12日 市政府下发《北京市国民经济和社会发展第六个五年计划（1981—1985年）》。“六五”计划的主要指标：实现社会总产值342亿元；工农业总产值284亿元，其中农业总产值24亿元、工业总产值260亿元；固定资产投资5年总计170亿元；社会商品零售总额1985年达到86亿元等。

5月18日　市委转发市委组织部、宣传部《关于北京市1983年至1987年干部教育和训练规划》的通知。指出，有计划地、大规模地培训干部，造就社会主义现代化建设的大批专门人才，是实现党的十二大纲领的重要战略措施。要求凡是没有受过系统的马克思主义基本理论训练的干部，在5年内要分批培训，系统地学习哲学、政治经济学、科学社会主义、中国近代史、中国革命史和党的建设等课程。

5月19日　市委、市政府批转市托幼办公室《关于解决北京城镇儿童入托问题的报告》和市妇联《关于大力发展家庭托儿所的报告》。指出，托幼事业是社会事业，国家要办，集体要办，对有条件、有积极性的个人，也应当鼓励、支持他们来办。兴办家庭托儿所是依靠社会力量发展托幼事业的好形式，应当大力提倡和推广。

5月21日—25日　全市中小学教育工作会议召开。会议集中讨论中小学教育的地位和作用，研究中小学教育1983年—1987年的5年设想和提高中小学质量问题。强调要充分认识教育工作的重要性，舍得花钱办教育。

5月25日　市委决定，北京市第二服务局改为北京市饮食服务总公司。

6月1日　即日起，根据财政部关于国营企业利改税试行办法，全市除少数企业经上级批准继续实行上缴利润递增包干等办法外，工交系统的国营企业开始实行利改税。

6月4日　市委、市政府转发宣武区委、区政府《关于为孤老困难户实行综合包户服务情况的报告》，认为这种服务内容和方式，不仅可以为孤老困难户解决生活上的实际困难，而且可以推动社会主义精神文明建设，改善人与人之间的关系，促进社会风气的好转，要求各区、县把综合包户服务工作开展起来。

7月7日　为促进全市社会科学的繁荣发展，为建设现代化社会主义首都服务，北京市社会科学界联合会成立。

7月14日 中共中央、国务院原则同意《北京城市建设总体规划方案》，并作出重要批复。批复指出，北京是我们伟大社会主义祖国的首都，是全国的政治中心和文化中心。北京的城市建设和各项事业的发展都必须遵从和充分体现这一城市性质的要求。同时作出决定，成立首都规划建设委员会。30日，市委、市政府发出通知，要求北京市党、政、军、群各单位共同努力，为把首都建设成为社会主义高度文明的现代化城市而奋斗。

7月29日 市政府就制止乱涨价中若干问题作出暂行规定，指出：在制止乱涨价的同时，一定要切实保证生产、建设和流通的正常进行。各部门、各单位必须严格执行国家计划和生产、供应合同，不得因为取消不合理加价而停止供货；不能因为纠正工作中的问题而贻误生产和建设，使经济生活受影响。

8月28日 市委、市政府召开会议，部署在商业、服务业中开展“端正经营思想，提高服务水平”的教育活动。

10月1日 邓小平为北京景山学校题词“教育要面向现代化，面向世界，面向未来”。

10月 国务院批准北京内燃机总厂等10家企业继续试行“独立核算，国家征税，自负盈亏”的办法。

11月1日 市委、市政府决定调整、改革全市电子仪表工业管理体制，将市政府电子工业领导小组更名为市政府计算机、大规模集成电路领导小组；将市电子仪表工业局一分为三，分别成立北京市计算机工业总公司、北京市广播电视工业总公司、北京市仪器仪表工业总公司。

11月12日 首都规划建设委员会成立并举行第一次会议。万里到会并讲话，要求委员会按中央授予的权力完成任务，烧好治乱、治散、治软“三把火”。

11月15日 市委、市政府召开山区建设工作会议。会议强调绿化造林是山区建设的根本任务。山区要立足当地资源和条件，大力发展干鲜果品生产；发展工副业，发展小型水利，改善山区道路；加强科技、教育、文化工作；进一步完善适合山区特点的联产承包责任制；改善山区干部和知识分子的待遇。

本年 按当年价格计算，全市国内生产总值183.13亿元。

一九八四年

1月17日 北京市第八届人大第八次会议审议通过《北京市城市建设规划管理暂行办法（草案）》。

2月26日 中共北京市委第一书记段君毅在“全民文明礼貌月”第一次全市性会议上强调，在坚持“两个文明”一起抓的前提下，一段时间内更加着重抓好精神文明建设，这符合中央书记处关于首都建设方针的四项指示。

2月27日 市政府作出旨在加快全市奶业发展的4项决定：第一，贯彻国营、集体、个人一齐上的方针，动员社会各方力量加快发展奶牛业；第二，采取多种渠道，扩大奶畜来源；第三，农场局负责向各方提供技术培训和服务；第四，市政府成立奶业领导小组，加强统一领导。

3月29日 市委农村工作部、市政府农林办公室制定《关于放宽林业政策，加速郊区荒山绿化的意见》，决定进一步扩大自留地，放手承包责任山，大力发展专业户，多方筹措资金，支持群众造林育林。

4月16日 市委在转发《北京市城镇地区中等职业技术教育工作会议纪要》时指出，首都“两个文明”建设，不仅需要高级人才，而且需要大批初中级技术人才、管理人才和大批有文化、有技术知识的劳动后备力量。

4月21日 市委、市政府批转《北京市社会主义精神文明建设规划纲要（试行草案）》。该规划纲要包括教育、科学、文化艺术、环境治理、思想建设等 12 章。

5 月 7 日 市委、市政府下发《关于开展五讲四美三热爱活动，争取提前实现首都社会风气根本好转的实施要点》。要求加强思想教育工作，提高群众的爱国主义、共产主义觉悟和思想道德水平；继续严厉打击严重刑事犯罪活动，搞好综合治理，加强法制教育，制定、完善各种规范和管理制度，进一步整顿好社会秩序；加强环境建设，提高城市绿化、美化、净化水平；积极兴建文体设施，大力开展健康有益的文体活动，丰富群众的文化生活；等等。

5 月 8 日—12 日 北京市中学生思想政治工作会议召开，专门研究加强中学生思想政治教育问题。会议提出做好德育工作要注意几点：一、研究 80 年代中学生的特点，有针对性地做工作；二、思想政治工作应该是多层次的，不应该只有一个模式；三、思想教育应该是多渠道、开放式的教育；四、一定要发挥学生的主动性，不能事事包办代替；五、注意调节社会和家庭教育，使之与学校教育合拍。

5 月 22 日 市委组织部与市委农村工作部向市委报告北京郊区实行干部选聘和招聘制的情况，郊区 10 个区县已招聘各类技术人员 5772 名，选聘制在许多乡试行。

6 月 5 日 市委、市政府批准《北京市商业改革方案》，并召开全市商业改革工作会议。会上传达了田纪云副总理同意北京市的商业改革要快一些、步子可以大一些的意见。

7 月 24 日 市委同意市总工会、市妇联、团市委《关于关心和帮助 30 岁以上未婚青年解决婚姻问题的意见》，指出大龄未婚青年的婚姻问题是一个很大的社会问题，各级党组织对解决这个问题应给予足够的重视、关心和支持。

8 月 16 日 市委、市政府发出《关于在全市干部职工中开展“为人民服务，对人民负责”教育，搞好优质服务的通知》，对商业、服务业以及公共交通、医疗卫生、市政房管、园林旅游等窗口行业提出基本要求。

12月4日 市委召开各部、委、办和区、县、局领导干部会议。会议强调，学习《中共中央关于经济体制改革的决定》应着重在领会精神实质上下功夫，纠正新形势下出现的不正之风，保证经济体制改革顺利进行。

12月4日—7日 市委召开民主与法制工作会议。会议强调，要充分认识民主与法制建设在我国现代化建设中的地位和作用，选拔领导干部和挑选后备干部，要把掌握必备的法律知识作为干部“四化”标准中知识化的一个重要内容。要按照宪法和法律规定，把那些有关首都建设和群众关心的重要问题提请会议讨论。

12月17日—20日 市委、市政府召开城市建设工作会议。要求全市规划、建设、市政管理系统同心协力地全面进行城市经济改革，把首都规划好、建设好、管理好，争取在“六五”计划的最后一年有新的突破。

本年 按当年价格计算，全市国内生产总值216.61亿元。

一九八五年

1月12日—19日 市委、市政府召开农村工作会议，对郊区农村经济发展作出7项决定：一、改革计划管理体制；二、改革农产品统购包销制度，从1985年起不再向农民下达农产品统购派购任务；三、进一步调整农业结构；四、继续大力发展乡镇企业，坚持城乡结合的“白兰道路”；五、加快山区步伐；六、鼓励技术和人才向郊区转移、流动；七、积极发展和完善农村合作制。

1月14日 市委、市政府发出《关于加速发展第三产业，解决人民生活“几难”的几点意见》。该意见指出，解决“住店难”“吃饭难”“做衣、洗衣难”等人民生活诸多不便的问题，必须贯彻国家、集体、个体一起上的方针，坚决清除重全民、轻集体，忽视、排斥个体经济等“左”的影响，大力发展多种形式、多种所有制的第三产业，尤其要着重兴办集体和个体所有制的商业、服务业。

1月14日—19日 市委、市政府召开农村工作会议，学习贯彻中共中央、国务院《关于进一步活跃农村经济的十项政策》，提出京郊农村经济进一步改革、调整、搞活的意见，要求打破“等、靠、要”思想，树立大胆改革、敢于创新的精神。

2月—3月 市委、市政府作出进一步加快首都绿化美化建设的10条补充规定，决定全面规划，分期实施，用10年时间基本实现绿化美化任务。

3月10日—18日 北京市八届人大四次会议召开。大会通过关于北京市经济体制改革问题的报告的决议，关于1985年国民经济、社会发展计划和1984年财政预算执行情况、1985年财政预算的决议，关于《深入学习、宣传邓小平同志重要讲话，坚持五讲四美三热爱，做有理想、有道德、有文化、有纪律的文明市民》议案的决议，关于规定全市人民“义务植树日”的建议书，等等。

5月10日—12日 市委、市政府召开全市科技工作会议，研究部署全市科技体制改革方案，颁发1984年科技成果奖448项。

5月30日 市委、市政府召开蔬菜工作会议。会议强调，要坚持改革，搞活蔬菜市场，继续发挥国营菜店的主渠道作用；搞活购销，平抑物价，菜店必须坚持以菜为主，凡不经营菜的可以收回来，租给农民、职工；菜农要保证蔬菜种植面积，大开城门，允许外地蔬菜进京，减少中间环节。

5月 北京市群众文化工作会议召开。主要议题是如何认识群众文化工作在社会主义现代化建设中的地位和作用，怎样使它成为社会主义精神文明建设的一条重要战线。会议认为，群众文化事业的水平是社会主义精神文明建设的一个重要标志，在这项工作中要克服“等、靠、要”思想，在文化建设上要打破“官办文化”的观念，突破“小文化”格局，兴办“大文化”。

7月9日 北京市教育工作会议召开。会议指出，要贯彻落实中共中央关于教育体制改革的决定，为把北京建成全国教育程度最高的城市而奋斗。一、充分认识教育在“四化”建设中的重要作用；二、解决问题必须从教育体制的改革入手；三、进一步重视和改进对学生的思想教育工作；四、加强教育工作领导，调动各方面办好教育的积极性。

7月24日—26日 市委召开社会治安、社会秩序综合治理工作会议。会议集中研究和讨论关于加强社会治安、社会秩序综合治理的实施方案，强调综合治理工作绝不是“软任务”，要求加强领导、狠抓落实。

8 月 10 日 市委、市政府下发《关于实施〈中共中央关于教育体制改革的决定〉的规划和措施》，对普及九年制义务教育、发展中等职业技术教育、加强高等教育的目标和措施作出具体部署。规定从市委书记、市委常委、市长、副市长开始，各级党政负责人都要联系一所学校，帮助解决实际问题。每个机关、企事业单位都要和一所中小学、幼儿园建立固定联系，帮助其办好。

8 月 29 日 北京市五讲四美三热爱活动委员会召开会议。会议要求抓好 4 个方面的工作：一是大搞环境卫生，使全市做到“洁、齐、美”；二是大力加强社会治安、社会秩序的综合治理；三是大力改善服务态度，提高优质服务水平；四是所有开展军民共建和其他形式共建活动的地区和单位、所有被评为文明单位的部门都要发挥模范带头作用。

12 月 市委召开思想政治工作会议。会议强调，新时期做好思想政治工作要处理好 4 个关系：一是处理好物质利益原则与共产主义理想的关系; 二是处理好等价交换原则与全心全意为人民服务的关系; 三是处理好提高人民生活水平与艰苦奋斗的关系；四是处理好对外开放与奋发自强的关系。

本年 按当年价格计算，全市国内生产总值 257.12 亿元。

一九八六年

1月6日 市委对首都优质服务工作作出部署，要求全市商业的基层单位建设成为5个“窗口”，即为人民服务、讲究社会主义企业信誉、维护首都和祖国声誉、为群众排忧解难、传播精神文明的“窗口”。

1月10日 市委、市政府作出《关于进一步发展北京市体育运动的决定》。要求重点抓好学校体育，大力加强运动队后备力量培养、优秀运动队建设，积极开展群众体育活动，发动社会力量办体育。这是市委、市政府为发展北京体育事业作出的第一个专门决定。

1月21日—26日 北京市农村工作会议召开。会议指出北京市农村工作总的要求是继续贯彻“服务首都，富裕农民，建设社会主义现代化新农村”的方针，深入改革，城乡结合，搞活流通，完善合作，推动各业协调发展，促使郊区农村经济向专业化、商品化、现代化的方向迈进。

2月19日 市委、市政府和国家体委联合召开第十一届亚运会工程建设动员大会，并成立工程建设指挥部。

3月19日 首都社会主义精神文明建设先进单位和积极分子大会召开。会议要求动员党、政、军、民、学各方面力量，更加广泛、深入地推进“做文明市民，创文明单位，建文明城市”的活动，把首都的社会主义精神文明建设提高到一个新的水平。

4月1日 北京汽车制造厂年总装2万辆汽车的生产线建成投产，

总投资500万元，属于国家“六五”期间的重点改造项目。

4月8日 北京市环境保护工作会议召开。会议要求1986年再为群众办12件看得见、摸得着的实事，继续改善首都环境状况。

5月3日 水源九厂一期工程——日供水50万吨的净配水厂清水池正式开工，输水管线、取水厂等项工程也陆续开工。

5月13日—20日 北京市第八届人民代表大会第五次会议召开。大会通过《北京市国民经济和社会发展第七个五年计划》，内容包括发展条件、主要任务和奋斗目标、产业结构、郊区经济、工业、旅游业、科学技术、财政、金融、经济体制改革和横向经济联合及社会主义精神文明等，共24章。

5月28日 市政府印发《“星火计划”纲要》，旨在把科学技术送往农村，为振兴农村经济服务。

6月3日 市统计局关于京郊1100户农民家庭的调查表明，1985年京郊农民人均消费粮食（原粮）213.7千克，比1984年减少15.7千克；人均生活费用支出1985年为510元，比1984年增加75元。

6月10日 市委召开会议，部署在全市范围内开展一场严厉打击严重危害社会治安、社会秩序的犯罪活动的斗争，争取首都社会治安进一步好转，确保“两个文明”建设顺利进行。

6月13日—14日 北京市经济体制改革会议召开。会议要求扫除思想障碍，大力推进全市横向经济联合，并确定了“七五”期间横向经济联合的目标和重点。

6月27日 市委、市政府召开工业工作会议，强调要坚决实行责任制，把工业生产搞上去。

7月9日 北京市召开教育工作会议。会议进一步明确全市实行九年制义务教育任务，动员全党、全社会重视基础教育，加强师资队伍建设，为普及九年制义务教育而奋斗。

8月6日 市委、市政府下发《关于印发房山县窦店村建设社会主义现代化新农村经验的通知》。

8月15日 据《北京日报》报道，北京燕山石油化工公司研究院研制开发的丁苯热塑性弹性体（SBS）生产技术出口转让给意大利。这是全国石化系统首次向国外转让技术。

11月26日 北京市首次举办对外经济技术合作洽谈会。

12月22日 市委、市政府决定成立北京市引进国外智力领导小组。

本年 按当年价格计算，全市国内生产总值284.86亿元。

一九八七年

1月14日 北京人民机器总厂等5家企业的厂长分别与市经委、市财政局、市税务局、市劳动局和市工商银行签订“两保一挂”承包协议书。北京市以“两保一挂”为主要内容的承包经营责任制开始大面积推广。

1月19日—21日 市政府召开职业技术教育工作会议。会议讨论研究了“七五”期间改革和发展职业技术教育的任务和措施，提出积极推行“先培训，后就业”“经过考核，择优录用”的制度，加强横向联系，提倡各种形式的联合办学。4月27日，市政府转发会议纪要。

2月12日 市政府下发《关于改革零售商业、服务业市、区（县）管理体制的通知》。该通知指出：从1987年1月1日起，各区（县）零售商业、服务业管理体制由原来的市、区（县）双重领导、以市为主，改为市、区（县）双重领导，以区（县）为主。

2月19日—28日 北京市举办首届对外经济贸易洽谈会。来自五大洲60多个国家和地区的上千名客商参加洽谈会，展出上万种商品，成交金额8000多万美元。

3月2日—3日 中国共产党北京市第五届十次全体（扩大）会议召开。会议号召全市各级党组织认真贯彻落实党中央提出的两大任务：坚持四项基本原则，反对资产阶级自由化；增产节约，增收节支，深入改革，保证国民经济持续稳定发展。

3月6日—12日 北京市第八届人民代表大会第六次会议召开。

会议通过北京市人民政府工作报告的决议,通过月季花和菊花为市花、国槐和侧柏为市树的决议。

3月7日 市政府转发《国务院关于加强物价管理保持市场物价基本稳定的通知》，并结合北京市情况作出7项具体规定。

3月28日 市政府发出《关于严格控制出台涨价项目，进一步保持市场物价基本稳定的通知》。

4月11日 为增强企业活力、发展第三产业、方便人民生活，市政府作出《关于国营企业开展多种经营若干政策的暂行规定》。

4月29日 永定河引水渠污水截流工程全部竣工，实现了污水、河水分流。长辛店、燕化、西郊3个地区的百万居民饮用水水质得到改善。

5月28日 市政府印发《北京市“工业技术振兴计划”纲要》，要求用5年左右时间，以10个重点行业为主，建立和发展100个以大型企业为龙头的科研生产联合组织，消化、吸收、开发和推广1000项关键技术，研制和生产1万种国内外市场需要的新产品。

7月18日 市政府召开城建工作会议，要求贯彻“三保三压”方针，严格控制新开工程。

7月19日 北京二七机车厂试制的我国第一台大功率客运内燃机车——新北京型5400马力八轴客运机车，顺利通过长距离运行试验。

7月底 总长18.6千米的八达岭复线公路竣工通车。

8月5日 历时3年的北京市工业普查工作基本完成。

8月11日 市委、市政府召开全面整顿首都市场秩序紧急会议。会议决定从即日起，开始在全市全面整顿市场秩序，加强市场管理，稳定物价，打击投机违法活动。

9月17日 市政府召开城近郊区大环境绿化工作会，确定朝阳、海淀、丰台、石景山4个区“七五”计划后3年绿化1.5万亩，强调以“一环（路）、二片（林）、三线（公路放射线）、四害（风沙危害区）、五景（风景区）”为重点。

10月25日—11月1日 中国共产党第十三次全国代表大会举行。大会系统概括了党在社会主义初级阶段的基本路线，制定了“三步走”现代化发展战略。其中，“三步走”现代化发展战略：第一步，实现国民生产总值比1980年翻一番，解决人民的温饱问题；第二步，到20世纪末，使国民生产总值再增长一倍，人民生活达到小康水平；第三步，到21世纪中叶，人均国民生产总值达到中等发达国家水平，人民生活比较富裕，基本实现现代化。11月9日，市委召开全体扩大会议，传达学习贯彻党的十三大精神。

11月5日 市政府召开建设工程招标投标工作会议，决定自1988年起在京建设的工程项目必须全部实行招投标制度。

11月13日 市委、市政府召开推行厂长负责制动员会。决定1987年内，全市工业系统的全民所有制企业全部实行厂长负责制；1988年内，非工业系统的全民所有制企业也要实行厂长负责制；商业、金融等系统全民所有制企业要加快实行厂长、经理负责制步伐。

11月21日 市委、市政府下发《关于进一步发展生猪生产的通知》。该通知指出，生猪生产也要实行专业化生产和适度规模经营，并决定成立发展生猪生产领导小组。

11月25日 市政府转发《国务院关于坚决制止抬价抢购农副产品的通知》。决定从1988年起，全市郊区生产的生猪、鲜蛋、蔬菜都列入市的合同定购品种之内，合同定购以外的产品继续实行多渠道经营，自由购销。同时，决定成立市农副产品市场协调小组。

12月13日—17日 中共北京市第六次代表大会召开。李锡铭作题为《沿着有中国特色的社会主义道路努力争取首都现代化建设和全面改革的新胜利》的报告。

12月19日 北京交通指挥中心建成。

12月21日 北京市第一条天然气管道建成通气。管道东起朝阳区王四营乡，西到海淀区中关村，全长30千米。

12月23日 “六五”国家重点工程——北京国际电信局正式启用。

12月28日 北京地铁复兴门折返线举行通车典礼。

本年 按当年价格计算，全市国内生产总值326.82亿元。

一九八八年

1月1日 天安门城楼对外开放并迎来第一批中外游客。

1月 北京技术有偿服务机构达1000余个，初步形成多层次、多渠道、多形式的技术交流、交易网络。

2月5日 北京市住房改革领导小组成立。

2月8日—10日 市委、市政府召开农村工作会议。会议要求重点抓好开放、开发、联合、组织工作，推进郊区经济商品化、专业化、现代化。

2月28日 北京市最大的劳务市场——北京市劳动交流中心开业。

3月24日 市政府转发国务院《关于加快和深化对外贸易体制改革若干问题的规定》，并提出北京市改革外贸体制的意见。

3月24日—26日 北京市工业系统召开1988年深化改革加强管理工作会议。会议提出将“配套、完善、深化、发展企业承包经营责任制”作为本年全市工业系统改革的中心和重点，在企业内部和外部采取双十项改革措施。

3月25日 北京市急救中心举行开始运营典礼。

3月 国务院决定，北京市大兴、房山、昌平、朝阳、海淀、丰台、石景山7个区县列入国家黄淮海平原开发范围。黄淮海平原包括北京、天津、河北、河南、山东、江苏、安徽等省市。

3月 北京公众移动电话网开通。用户不仅可以直拨市内电话，还可以直拨国内、国际长途电话。

3月 西郊污水干线工程竣工。该工程设计日排污能力150万立方米，是当时西郊最大的污水排泄工程。

4月14日 市政府召开节水动员大会，向全市人民发出要像重视人口、粮食问题一样重视节水工作的号召。

4月17日 中国残疾人联合会、中国残疾人福利基金会、康华发展总公司、市民政局、市残联举办北京首次“残疾人日”活动。

4月20日 市经委、市农办和市乡镇企业局召开的市城乡结合、工农协作、工业支农工作会议结束。13个区、县同市经委系统30个局、总公司及一个在京中央单位所属局的代表签订147份经济技术协作意向书。

4月20日 北京长途电话局首次试运行北京、上海、广州3市之间的可视会议电话业务。

4月22日 国务院同意《国务院关于沿海地区发展外向型经济的若干补充规定》适用于北京市。

4月28日 北京日报社、北京晚报社联合举办的产生于20世纪80年代的第二届“北京十大建筑”评选活动揭晓。北京图书馆新馆、中国国际展览中心、中央彩色电视中心、首都机场候机楼、北京国际饭店、大观园、长城饭店、中国剧院、中国人民抗日战争纪念馆、地铁东四十条站入选。

4月 北京市召开贫困山区开发建设会议，提出要进一步解放思想，狠抓开放开发，加快贫困山区商品经济的发展。

5月3日 北京市第一社会福利院——北京市松鹤公寓正式开业。

5月10日 国务院正式批准《北京市新技术产业开发试验区暂行条例》。5月20日，《北京市新技术产业开发试验区暂行条例》《北京市新技术产业开发试验区暂行条例实施办法（草案）》《北京市新技术产业开发试验区内新技术企业核定暂行办法》同时施行。

5 月 10 日　市政府下发关于试行主要副食品零售价格变动给职工适当补贴的通知，规定从5月起对在职干部职工每人每月补贴10元。从 7 月 1 日起，供应居民的肉、蛋、糖由凭证供应改为凭票供应。

5 月 10 日　市政府召开前门商业大厦深化改革，实行经理责任制、干部聘任制、职工劳动合同制和分配浮动制，打破“铁饭碗”现场会。要求各区县从实际出发，创造性地学习他们的经验。

5 月 27 日—28 日　北京市初级卫生保健工作会议召开。会议指出，北京市三级医疗卫生网已初步形成。

5 月　市政府印发《关于深化农村教育体制改革的意见》。

6 月 6 日　北京市第一家由村镇与港商合资的大型毛纺企业——北京太子毛纺有限公司正式投产。

6 月 8 日　经市政府批准，北京市房产交易管理所成立。

6 月 13 日　国家“七五”重点工程——北京石景山发电厂改建工程一号发电机组并网发电。

6 月　国务院批复同意在北京市顺义县建立农村改革试验区，进行土地适度规模经营。

6 月　北京市第一个商品住宅小区——翠微小区基本建成。

7 月 1 日　北京市当时规模最大的市政基础设施项目——水源九厂一期工程试通水，日供水能力为 34 万吨。

7 月 15 日—17 日　北京市工业工作会议召开。会议要求 1988 年底前，全市工业系统 50% 以上的企业要实行优化劳动组合，50%以上的职工队伍进入优化组合的动态机制，企业要精减 10%以上的人员，争取 3 年内精减 30%的人员。

7 月 27 日—29 日　首都绿化委员会组织有关部门负责人和专家

视察已初步建成的“五大绿色走廊”——京开、京张、京津、京密、京周干线公路的绿化情况。经过3年努力，道路两侧共新栽植各种树木近300万株，绿化长度达300多千米。

8月1日 北京市正式施行《中华人民共和国道路交通管理条例》和《北京市实施〈中华人民共和国道路交通管理条例〉的若干规定》。

8月2日 北京电视台实行全天播出。

8月5日 北京市新技术产业开发试验区正式开始对外办公。

8月6日—8日 全国第一次“火炬计划”工作会议在北京举行。经党中央批准，全国“火炬计划”1988年8月开始实施。

8月31日 市委、市政府召开区、县、局、总公司和大专院校党政负责人会议，部署全市贯彻国务院《关于做好当前物价工作和稳定市场的若干重要决定》的10条措施。会议要求坚决控制物价上涨，努力保持首都市场稳定。

9月10日 国家物价局和市政府联合召开贯彻《中华人民共和国价格管理条例》一周年大会。决定对北京市所管的物价项目，在年内一律不作调价安排，撤销原准备出台的调价项目。

9月 北京市煤炭总公司二厂692名职工在劳动合同书上签字，率先实行全员劳动合同制，标志着全市工业系统劳动制度改革进入新阶段。

10月15日 中共北京市委六届四次全体扩大会议结束。会议强调，在治理经济环境、整顿经济秩序中，企业要靠优化劳动组合，加强科学管理，加快技术进步，挖掘内部潜力，用最少的资金，最低的能源、原材料消耗，用提高资金周转率、提高资金利润率、提高劳动生产率来求生存、求发展。

10月18日 北京微电机总厂在全市大中型国营工业企业中率先实行全员劳动合同制。

10 月 24 日 邓小平、杨尚昆、李鹏、万里、胡启立、姚依林、王震等党和国家领导人参观北京正负电子对撞机国家实验室。邓小平发表讲话指出，世界上许多国家都在制定实施高科技发展计划，21 世纪将是高科技的世纪。任何时候，中国都必须发展自己的高科技，在世界高科技领域占有一席之地。

11 月 4 日 市委办公厅、市政府办公厅转发市委教育部、市政府文教办公室、市教育局《关于当前进一步深化中小学改革的几点意见》。全市已有 100 多所中小学、幼儿园试行内部管理体制改革，实行校长负责制、教职员工聘任制、校内结构工资制。

12 月 19 日 市政府批转市科委关于组织实施北京市“火炬计划”的意见。

12 月 21 日 北京 10 万门程控电话工程经过 4 年建设和试运行，正式通过国家验收。这是中国当时规模最大的现代化市内电话工程。

12 月 26 日 经国务院批准，调整后的新一届首都规划建设委员会正式组成，并召开第一次会议。

本年 截至 1988 年，首都中小学增加到 4495 所，幼儿园增加到 3824 所；学龄儿童入学率由 1948 年的 53%上升到 99%。

本年 按当年价格计算，全市地区生产总值 393 亿元，比上年增长 13%。国民收入 361 亿元，比上年增长 11.8%。

一九八九年

1 月 14 日—16 日 市委、市政府召开农村工作会议。会议强调，京郊推行农业适度规模经营，是郊区农村经济向专业化、商品化、现代化迈进的必由之路。

1 月 北京市“火炬计划”开始实施。这是继“星火计划”和“工业技术振兴计划”之后又一个发展北京经济和科技的重要计划。

2 月 3 日 北京市六建公司首批购买自住公房的职工领到房产所有证，标志着北京市迈出住房商品化的重要一步。

2 月 7 日 据《北京日报》报道，自 1980 年开展扶贫工作以来，京郊已有 6.6 万多户贫困户摆脱贫困，走上富裕之路。

2 月 9 日 据新华社报道，由王选教授主持的“华光”激光照排系统日臻完善，中国印刷业将告别铅字时代。

2 月 15 日 北京市第一批公开出售的商品房在市房地产交易所登记出售。这批商品房分布在广安门外的红莲小区、永定门外的西罗园小区和东直门外的十字坡小区。

2 月 16 日—17 日 北京市环境保护工作会议召开。会议要求全市各区县政府从 1989 年起每年都要为群众办 10 件以上的环境保护实事，把环境保护真正纳入各级政府的议事日程，作为检查政府政绩的标准之一。

3 月 2 日—6 日 市科委与市对外经贸委联合主办的北京市新技术与新产品展览会在香港展览中心举行。此次展览是北京市首次在香港举办的规模较大的综合性科技展览。

4月7日 市委、市政府召开区、县、局领导干部会议，要求加强首都精神文明建设和社会环境的综合治理,力争使首都的社会风气、治安秩序、市容环境和服务工作提高到一个新水平，以所能达到的最佳状态迎接国庆40周年和第十一届亚运会。

4月14日 北京市科技工作会议召开。会议指出，科技工作在面向首都经济建设、城市建设和城市管理中发挥了重要作用。北京市基本形成了以“星火计划”“工业技术振兴计划”“专项科技发展计划”为主体，以推广新技术和高技术产业建设为两翼的“一体两翼”的战略格局。会议首次发布《北京市科学技术白皮书》。

7月14日—23日 主题为“寻求合作,促进国际间经济技术交流”的首届北京国际博览会举办。24个国家和地区的近3000家厂商参加博览会，共接待观众近60万人次。

8月31日—9月6日 北京举行国际电视周。此次活动是北京电视台建台10周年来首次举行的大规模国际电视文化交流活动。

10月17日 北京市南二环、三环道路工程竣工。

11月4日 北京市打击经济犯罪联合办公室召开全市打击经济犯罪工作会议，强调打击经济犯罪斗争要继续狠抓下去，同时提出了全市各级“打办”的主要任务。

11月13日 国务院召开电话会议，部署在全国范围内开展扫除卖淫嫖娼，制作、贩卖、传播淫秽物品，拐卖妇女儿童，私种、吸食、贩运毒品，聚众赌博和利用封建迷信骗财害人等“六害”行动。11月22日，中共北京市委、市政府召开区、县、局、总公司、高等院校党政领导干部会议进行部署。11月24日,北京市召开扫除“六害”统一行动动员大会。12月1日，《北京市人民政府关于扫除卖淫嫖娼等“六害”的通告》发布。

11 月 15 日　东水西调工程全面开工，将密云水库的水通过颐和园附近的团城湖引至门头沟区的城子水厂。1990 年 6 月 30 日，工程交付使用。

11 月 27 日—12 月 6 日　“八十年代北京市重大科技成果展”在北京展览馆举行。江泽民、李鹏等中央领导和国家各委办负责人、北京市领导分别参观了展览。

11 月 28 日—30 日　市委宣传部、市科委、市新闻出版局召开整顿报刊、出版社工作会议。会议决定，全市从 12 月起对市属报刊社和出版社进行整顿。

12 月 18 日—22 日　中共北京市委召开六届八次全体（扩大）会议。会议原则通过市委贯彻执行《中共中央关于进一步治理整顿和深化改革的决定》的意见，强调要广泛开展形势教育，齐心协力做好治理整顿工作。

本年　全市地区生产总值 450 亿元，按可比价格计算，比上年增长 4.2%。国民收入 333.6 亿元。

一九九〇年

1月12日 市委、市政府发布《关于进一步加强农业的若干意见》。

1月12日 经国务院企业管理指导委员会批准，首都钢铁公司、北京燕山石油化工公司合成橡胶厂等45家企业被正式命名为第一批国家一级企业。

1月17日—3月10日 北京市首届农民艺术节举行。

1月19日 市委召开社会主义教育报告会。市委农村工作委员会、市农办、市委工业工作委员会、市经委分别介绍京郊开展社会主义教育、工业战线开展共渡难关大讨论的情况和经验。

1月20日 北京市第一座大型速冻食品加工厂正式建成投产，标志着北京市蔬菜生产从初级产品向小包装深加工产品迈进一大步。

2月22日 市政府召开全市蔬菜生产工作会议。会议提出“立足本市，稳定提高近郊，巩固发展远郊，利用外埠调剂，保证首都市场供应”的方针。

4月7日 首都精神文明建设综合治理领导小组决定设立首都精神文明建设奖章，以表彰在首都精神文明建设中作出突出贡献的先进个人。

4月30日 市政府第八次常务会议作出加快北京市危旧房改造步伐的决定，确定“一个转移、一个为主、四个结合”的危旧房改造方针。

5月19日 国家奥林匹克体育中心工程竣工，邓小平为其题名。

6月9日 北京市第九届人民代表大会常务委员会第20次会议通过《北京市残疾人保护条例》。该条例于10月1日起施行。

6月9日 市政府决定，在全市郊区建立区（县）、乡（镇）两级农村水利建设发展基金，进一步推动农田水利基本建设，改善农业生产条件。

7月7日 第九水厂一期工程建成通水。

8月3日 经市政府批准，全市107个街道办事处的名称由原来的北京市某区某街道办事处改为北京市某区人民政府某街道办事处，成为城市管理中一个区域性、综合性、社会性的管理层次。

8月20日 市政府下发《关于调整中小学杂费、学费收费标准的通知》。

8月22日 第十一届亚运会火炬点火仪式在天安门广场举行。

8月24日 市委、市政府在人民大会堂举行北京市首次颁发首都精神文明建设奖章座谈会，来自全市各行各业的119名先进人物获得“精神文明建设奖章”。

9月14日 我国国内可视电话业务首次在北京市电信管理局所属北京“国际电信之窗”与上海电信局之间开通。

9月22日—10月7日 第十一届亚运会在北京举行。这是中国第一次承办亚运会，也是中国第一次承办综合性的国际体育大赛。来自亚奥理事会成员的37个国家和地区的体育代表团共6578人参加。中国运动员共获得183枚金牌、107枚银牌、51枚铜牌，以总计341枚奖牌名列参赛各国榜首，第三次获亚运会金牌总数第一。

10月25日 市委召开会议，传达中央政法委10月22日电话会议精神并结合本市当前治安形势和前一段的“严打”斗争情况，对下一步“严打”斗争作出部署。会议强调，要结合“严打”斗争继续开展“扫黄”和除“六害”斗争。

11月23日 市政府常务会议批准将南池子、北池子大街等24个街区及近郊代表皇家园林特色的颐和园、圆明园等地区划定为第一批历史文化保护街区，并决定采取有效措施，整治、恢复、保护本市历史文化传统街区。

12月22日 全国爱卫会宣布，在全国首次大规模城市卫生检查评比中，北京市被评为全国“十佳卫生城市”之一。

本年 全市地区生产总值495.5亿元，按可比价格计算，比上年增长6.3%；国民收入361.8亿元，比上年增长5.1%。

一九九一年

1月7日 市委、市政府召开表彰大会，表彰大型室内电视连续剧《渴望》、新编历史剧《画龙点睛》和民族乐舞《盛世行》剧组。

1月22日 市委、市政府发布《关于加强乡村合作社建设，巩固发展集体经济的决定》。到8月底，京郊95%以上的行政村完善了经济合作组织和管理制度。

2月20日—23日 中共北京市委六届十次全体（扩大）会议举行。全会号召全市各级党组织和全体党员根据党的十三届七中全会精神，团结全市人民，上下一心，奋力拼搏，夺取首都社会主义现代化建设和改革的新胜利。

3月2日 江泽民、李鹏等党和国家领导人在中南海听取首钢总公司改革试点情况的汇报，给予高度评价。3月21日，市委、市政府召开工业系统学习推广首钢经验，搞好国营大中型企业动员大会。

3月6日 市政府颁布《关于郊区城镇和农村建设规划管理的若干规定》。该规定自1991年3月10日起施行。

3月12日 全国植树造林表彰大会在人民大会堂举行。全国绿化委员会、林业部授予北京市“平原绿化、城市造林绿化先进市”称号。

3月13日 市委、市政府召开商业工作会议。会议决定，东安集团、百货大楼、西单百货商场、友谊公司实行计划单列，组建独立的企业集团。

3月25日—4月9日 七届全国人大四次会议在北京举行。会议通过《中华人民共和国国民经济和社会发展十年规划和第八个五年计划纲要》。

4月6日 首都社会治安综合治理委员会成立。

4月9日—10日 中共北京市委六届十一次全体（扩大）会议举行，讨论、审议并通过《中共北京市委关于〈北京市国民经济和社会发展十年规划和第八个五年计划纲要〉的建议》。

4月29日 北京市首次口岸工作会议召开。会议提出，要大力开展社会主义精神文明共建活动，全面落实社会治安综合治理的各项措施，提供优质服务，确保首都航空口岸的安全、高效、畅通，把首都航空港建设成为第一流的文明口岸。

4月 市政府办公厅转发市保险公司等4家单位《关于进一步开展乡镇集体企业职工养老保险工作的报告》。

7月 市委、市政府决定在全市开展"整顿旅游市场，打击不法行为"的专项斗争，并成立由市旅游局牵头，市公安局、市工商局、市检察院、市法院、市文化局、市卫生局和市医药总公司联合组成的北京旅游市场整顿小组。

8月5日—9日 北京市对外经济贸易洽谈会在澳大利亚墨尔本市世界会议中心举行。这是北京市首次在澳大利亚举办综合性洽谈会。

9月14日 市第九届人民代表大会常务委员会第29次会议通过《北京市城市节约用水条例》。该条例自1991年11月1日起施行。

9月16日 北京市实施《城市房屋拆迁管理条例》细则颁布。自1991年10月1日起施行。

10月22日—25日 市委召开工作会议，研究讨论进一步搞好国营大中型企业问题。会议确定进一步搞好国营大中型企业的总体设想，提出企业经济效益当年有所回升、3年稳步提高、5年达到较好水平的目标，并制定《关于进一步搞好国营大中型企业的若干政策》。

10 月 27 日 北京市 1991 年冬、1992 年春水利建设动员大会召开。中直机关、中央国家机关、驻京部队、市属单位和区、县各方面代表参加大会。

10 月 31 日 北京西南三环路正式通车。

11 月 8 日 市委召开第六次民主与法制工作会议，决定在全市全面推行依法治市。12 月 12 日，市委、市政府印发《北京市依法治市工作纲要》。

11 月 18 日—19 日 市委、市政府召开山区工作会议，部署落实《北京市边远山区乡村十年（1991—2000 年）致富工程纲要》。该纲要提出，开发建设山区的总目标是缩小与平原地区的差距，提高山区经济的整体水平，实现经济稳定发展、社会长治久安、人民安居乐业，建设富裕、文明的社会主义新山区。

12 月 26 日—28 日 中共北京市委六届十二次全体会议举行。会议进一步学习党的十三届八中全会文件，审议并通过《中共北京市委贯彻〈中共中央关于进一步加强农业和农村工作的决定〉的意见》。

本年 全市地区生产总值 561.7 亿元，按可比价格计算，比上年增长 7.5%；国民收入 405.1 亿元，比上年增长 7.2%。

一九九二年

1月21日 市委、市政府召开1992年北京市农村工作会议。会议下发《中共北京市委贯彻〈中共中央关于进一步加强农业和农村工作的决定〉的意见》，提出进一步解放思想，加大改革力度，扩大开放，推动郊区农村经济走上增加效益、提高素质的轨道，以优异成绩迎接党的十四大的召开。

2月19日—21日 北京市商业工作会议召开。会议提出全市商业系统进一步深化改革的整体思路，推出一批改革方案。

3月1日 市政府、首都绿化委召开首都绿化美化先进单位积极分子表彰大会。

3月3日 市政府下发《关于支持国营大中型企业开展优化劳动组合安置富余人员的通知》。

3月13日 北京市百货大楼集团作为全市商业的第一批实行经营、价格、用工、分配放开试点单位与市政府签约。

3月28日 市委、市政府召开北京市教育工作会议。会议提出“八五”期间本市职业技术教育的重点：一是大力发展农村职业技术教育；二是大力加强技工教育；三是调整职业技术教育的学校布局、科类结构和专业设置，提高办学效益和教育教学质量。

3月 党中央、国务院作出全面开展对口支援三峡库区移民工作的重大决策，北京市对口支援湖北省巴东县。

4月16日 市委、市政府印发《关于进一步做好台湾同胞回北京定居工作的通知》。

5月4日 北京有线电视台开始试播。

5月8日 市政府常务会议决定，从6月1日起，居民购粮不再受地域限制，持粮票、粮证在全市任何粮店都可以购粮。

5月12日—13日 北京市个体劳动者第三次代表大会召开。会议指出，在坚持以公有制为主体的前提下，充分发挥个体和私营经济在首都社会主义现代化建设中有益的补充作用。

5月21日 国务院住房制度改革领导小组批复《北京市住房制度改革实施方案》。6月12日，市政府公布《北京市住房制度改革实施方案》及7个配套办法，7月1日起实施。6月29日，市委、市政府召开市房改工作会议，动员、部署房改工作。

5月 北京市朝阳区与巴东县委、县政府签订《关于三峡工程库区移民对口支援协议书》。

7月1日 全国第一家中外合资商业企业——北京燕莎友谊商城开业。

7月10日—11日 市委六届十四次全体（扩大）会议召开。会议审议通过《中共北京市委、北京市人民政府关于加快改革开放步伐，促进经济上新台阶的意见》，对搞活企业尤其是国营大中型企业、股份制改革、培育市场体系、乡镇企业发展、山区开发等提出具体措施。

7月23日 国务院发出《国务院批转〈国务院经贸办、国家体改委关于进一步扩大首钢自主权改革试点报告〉的通知》，赋予首钢更大的投资立项权、外贸自主权和资金融通权，使首钢成为全国工业企业中第一家能够拥有这些自主权的企业。

8月10日 市经委、市经济体制改革办公室等单位下发《关于北京市经委系统集体工业企业进行股份合作制试点的办法的通知》。

9 月 18 日　市政府批转市老龄委《关于为老年人实行社会敬老优待服务的意见》。自 1993 年 1 月 1 日起，70 岁以上的老人可以享受 10 项社会优待服务。

9 月 22 日　市委、市政府召开全市计划生育工作会议，传达贯彻国务院计划生育工作电话会议精神，要求在加快改革开放和经济建设的同时务必抓紧抓好计划生育，把人口增长率降下来，为第二步、第三步战略目标的实现奠定基础。

9 月 28 日　王府井商业区首次土地使用权有偿出让合同签字仪式举行。这是新中国成立以来北京市首次有偿出让给外商投资企业的商业用地。

9 月 29 日　首都国际机场候机楼扩建完工正式启用。

9 月 30 日　南厢暨二环路改造工程竣工通车，这是北京第一条全封闭、全立交的快速环路。

10 月 1 日　北京市开始实行参加退休基金统筹的职工个人缴纳基本养老保险费制度。

11 月 18 日　北京人才市场在劳动人民文化宫正式开业。这是北京市首家常年开放的全市性大型人才市场。

12 月 1 日　市委、市政府决定，即日起放开蛋、菜、肉（含猪肉、牛肉、羊肉）价格，并取消鸡蛋、猪肉和定量内牛、羊肉凭票供应办法。为了不使城镇居民生活受到大的影响，给予职工以适当补贴。

12 月 10 日　北京市 18 个区县全部实现程控电话联网。联网后，在北京市 16800 平方千米的区域内建成用“01”区号与全国乃至全世界连通的全国最大的本地电话网。

12 月 13 日—17 日　中共北京市第七次代表大会召开。会议通过《坚定不移地贯彻执行党的基本路线，夺取首都社会主义现代化建设的新胜利》报告。会议提出 20 世纪 90 年代首都经济建设的奋斗目标，北京地区生产总值平均每年增长9%，提前3年实现在1980年的基础上翻两番，进一步改善人民物质文化生活，提前达到小康水平。

本年 全市地区生产总值707.2亿元，按可比价格计算，比上年增长11.3%。

一九九三年

3 月 2 日 北京市农村工作会议召开。会议提出 3 年内使郊区经济发展再上一个新台阶，包括 5 个方面内容：一是经济高速发展；二是经济整体素质明显提高；三是经济全面开放；四是在社会主义市场经济体制转化上迈出决定性步伐；五是经济社会环境有明显改善，郊区人民生活实现初步富裕。

3 月 14 日 市委、市政府召开区、县、局（总公司）、高等院校党政负责人会议，传达贯彻国务院关于调整粮食统销价格的决定。从 4 月 1 日起，适当提高粮食统销价格。

4 月 9 日 北京王府井百货大楼（集团）股份有限公司成立。这是北京市第一家国有大型股份制商业企业。

4 月 23 日 电力工业部、北京市政府和内蒙古自治区政府《联合办电向首都供电协议》签字。按照协议，第一步到 1995 年北京将不拉闸限电，第二步到 2000 年从根本上解决首都用电问题。

4 月 29 日 市委、市政府召开京郊乡镇企业“双上工程”动员会。“双上工程”是以创优质名牌产品为中心、以现有企业“上规模、上水平”为规划纲要，并争取在 1995 年底使京郊 60 家乡镇企业产值超过 1 亿元，使京郊出现 80 个亿元村、30 个 5 亿元镇、3 个百亿元县。

5 月 1 日 市政府出台的两项政策开始实施。一是对全市行政区域的宾馆、饭店、招待所、培训中心等住宿宾客征收地方社会事业建设费；二是在 8 个近郊区全面推广试行垃圾袋装化。

5 月 10 日　北京市放开居民粮油销售价格，取消现行凭票、证定量供应办法，粮票停止流通。

5 月 24 日　北京市天桥百货股份有限公司、天龙股份有限公司的股票在上海证券交易所上市。

5 月 27 日　市委、市政府作出关于加快北京高等教育改革和发展的决定。

7 月 5 日　国家重点工程——北京邮政枢纽工程建成投产。

7 月 16 日　北京市一轻系统综合改革试点暨北京鸿运置业股份有限公司创立大会在人民大会堂举行。为进一步搞活国有大中型企业，国家体改委在北京一轻系统进行“资产增值、产业转移、机制转换、职能转变、职工分流”的综合改革试点。

8 月 13 日　北京市“扫黄”工作领导小组召开会议，部署集中开展“扫黄”工作。会议传达中央和市委有关领导关于当前“扫黄”工作的指示，部署了下一步“扫黄”工作。从 8 月 14 日至 9 月 3 日，全市将集中“扫黄”，检查书刊市场。

8 月 25 日　市委、市政府召开交通安全会议，部署全市集中力量整顿交通秩序。

9 月 4 日—15 日　第七届全国运动会在北京举行。北京代表团共获 21 枚金牌、19.5 枚银牌、23 枚铜牌，总成绩 688 分，金牌数、奖牌数和总成绩均列第 4 名。

9 月 14 日　首都机场高速公路、东三环路改造工程竣工通车。

9 月 25 日　京津塘高速公路全线通车。

10 月 6 日　国务院批准《北京城市总体规划（1991 年至 2010 年）》，并作出 8 条重要批复。

10 月 25 日　北京世界公园举行开园典礼。

10 月 30 日　国家教委“两基”评估验收工作抽查组宣布：北京

市在全国率先提前实现基本普及九年义务教育，基本扫除青壮年文盲。

11月11日—14日 党的十四届三中全会举行。全会审议并通过《中共中央关于建立社会主义市场经济体制若干问题的决定》，勾画出社会主义市场经济体制的基本框架。11月17日，市委召开区、县、局领导干部会议，传达党的十四届三中全会精神和江泽民的重要讲话。会议强调，认真贯彻落实十四届三中全会通过的《中共中央关于建立社会主义市场经济体制若干问题的决定》，要同北京的实际结合，保证提前3年实现小康，并早日把北京建成现代化、国际化的城市。

12月24日 高碑店污水处理厂一期工程建成通水。

12月29日 中共北京市委七届三次全会举行。会议提出：以建立现代企业制度和宏观调控体制为重点，加快建立社会主义市场经济体制；进一步扩大对外开放，实现利用外资的新突破；优化产业结构，提高经济效益，保持城乡经济快速发展的良好势头；加快城市基础设施建设，提高城乡现代化水平，全面推进“康居工程”；发挥首都优势，加快科技进步和人才培养。

12月30日 北京市首批康居住宅交付使用。来自全市公交、环卫、政法、中小学及部分企业的40名特困户代表领到新居钥匙。

本年 全市地区生产总值852亿元，按可比价格计算，比上年增长12.0%。

一九九四年

3 月 25 日 市委、市政府召开区、县、局领导干部会议，贯彻国务院批复和《北京城市总体规划（1991 年至 2010 年）》精神。会议指出，国务院批复的新的总体规划的主要精神：突出首都要向现代化国际城市发展；突出社会主义市场经济，要有市场，大力发展第三产业；突出文化古都，发展文化设施，保护、利用名胜古迹。

3 月 29 日 市委、市政府首次召开北京市成人教育工作会议。会议肯定了改革开放 15 年来成人教育取得的成绩，提出教育改革发展目标及任务，以实施《北京市中高层紧缺人才培训工程》《北京市转岗人员培训工程》《北京市乡镇企业职工培训工程》为龙头，推动全市成人教育改革的发展。

4 月 26 日 中共北京市委七届四次全会举行。与会人员分组讨论市委研究室、市委农工委、顺义县委联合调查起草的《关于顺义县完善、提高和发展粮田适度规模经营的调查报告和中共北京市委、北京市人民政府批转这个报告的通知》（讨论稿）。

6 月 6 日 北京市加快社会保险制度改革工作会议召开。会议指出，北京市作为劳动工资社会保险制度综合配套改革试点市，要正确处理好改革和稳定的关系，加大力度，加快社会保险制度改革。

6 月 15 日 北京市“三区”（新技术产业开发试验区、北京经济技术开发区和区县工业小区）利用外资工作会议召开。会议强调，“三区”企业一开始都要建立新机制、有新面貌。乡镇工业小区建设要加强规划，决不搞扩大了的“村村点火，户户冒烟”。

6月21日 市委、市政府在延庆县召开市山区工作会议。会议部署《边远山区“四四”奔小康攻坚计划》，提出用4年时间使边远山区40万低收入农民实现小康的奋斗目标，即从1994年—1997年，60个边远山区乡镇的40万农民的人均劳动所得达到1600元以上，基本消除人均劳动所得1500元以下的乡镇和1200元以下的村。

7月17日 北京市恩济里住宅小区荣获全国城市住宅小区建设试点综合金牌奖和7个单项奖。

7月20日—23日 中央第三次西藏工作座谈会召开，明确“分片负责、对口支援、定期轮换”援藏方式，确定北京市对口支援西藏拉萨市城关区、当雄县、堆龙德庆区、尼木县。

8月22日 市委、市政府召开北京市教育工作会议。会上宣读市委、市政府同意海淀区建立教育改革试验区的批复。

9月17日—10月27日 丰台区、朝阳区、房山区、门头沟区、延庆县5个郊区县通过北京市初级卫生保健评审组评审考核。至此，全市农村提前1年完成北京市初级卫生保健“八五”规划，提前6年完成中国农村“2000年人人享有卫生保健”规划目标。

10月13日—14日 市委、市政府召开北京市蔬菜产销工作会议。会议强调，丰富首都蔬菜市场要立足于本市，确保扩大蔬菜种植面积，增加蔬菜保护地，依靠科技进步，提高劳动生产率。

本年 全市地区生产总值1015亿元，按可比价格计算，比上年增长13.5%。

一九九五年

2月27日 国务院正式批准同意北京市全面实行沿海开放城市的有关政策。

3月2日 北京市召开“首都见义勇为好市民、好卫士”命名表彰大会，苏伟等20名市民被命名为“首都见义勇为好市民”，曹焕岗等20人被命名为“首都见义勇为好卫士”。

3月20日 市委、市政府召开支援西藏工作会议，部署全市选派援藏干部和接待西藏来京挂职干部的工作。

3月23日 市委、市政府作出《关于开展学习崔大庆、甘雷同志活动的决定》。3月11日，丰台分局丰台镇派出所副所长崔大庆和六里桥派出所民警甘雷等人在执行任务中勇擒持枪歹徒，崔大庆牺牲，甘雷受伤。

4月8日 市政府办公厅下发《关于进一步加强对口支援三峡库区移民工作的通知》，从资金、项目、劳务、安置等方面出台相关优惠政策。

4月21日 市委、市政府召开“见义勇为好市民”表彰会。会议表彰勇斗持枪歹徒、抢救伤员的刘振杰、王文全等7名群众，授予他们“见义勇为好市民”称号和“首都精神文明建设奖章”，同时还授予金广斋、张汝生“首都见义勇为积极分子”称号。

5月18日 北京市派出首个由北京友谊医院、北京儿童医院和北京佑安医院的8名医务人员组成的援助西藏那曲地区医疗队。

5 月 20 日—26 日　北京科技周活动举办。市委、市政府决定，此后每年 5 月下旬都将开展北京科技周活动，以此促进科普工作群众化、社会化、经常化。

5 月　第一批北京市援藏干部入藏工作。

9 月 25 日—28 日　党的十四届五中全会在北京举行。全会审议并通过《中共中央关于制定国民经济和社会发展“九五”计划和 2010 年远景目标的建议》。该建议对“九五”时期实现第二步发展战略目标作出新部署：到 2000 年，在我国人口将比 1980 年增长 3 亿左右的情况下，实现人均国民生产总值比 1980 年翻两番，基本消除贫困现象，人民生活达到小康水平。

9 月　丰台区南苑乡组建郊区第一家规范的村级社区型股份合作制企业——北京市鑫福海工贸集团。

10 月 9 日—10 日　市委七届七次全会举行，研究讨论《北京市国民经济和社会发展“九五”计划和 2010 年远景目标纲要（草案）》。该纲要明确北京市国民经济和社会发展总的奋斗目标，要进一步增强和完善全国政治中心和文化中心的功能，发展以高新技术产业为先导、第三产业发达、产业结构合理、高效益、高素质的适合首都特点的经济，人民生活在实现小康的基础上向更加宽裕的水平迈进。到 2000 年，全面完成现代化建设第二步战略部署，实现人均地区生产总值比 1980 年翻两番，初步建立社会主义市场经济体制。

12 月 21 日　市十届人大常委会第二十三次会议通过《北京市公共场所禁止吸烟的规定》，自 1996 年 5 月 15 日起施行。这是全国第一部由省级人大常委会制定的关于公共场所禁止吸烟的地方性法规。

12 月 22 日　华北电力集团公司宣布，以实现北京生活用电不拉闸限电为主要目标的“9511 工程”如期实现，北京市民从此告别了 10 余年限制生活用电的历史。

12月27日 由八王坟至通县的京通快速路建成通车。

本年 北京市开始对口援助拉萨“两区两县”，即城关区、堆龙德庆区、尼木县和当雄县。

本年 全市地区生产总值1385.1亿元，按可比价格计算，比上年增长12.1%，提前5年实现比1980年翻两番的目标。

一九九六年

1月1日　经市政府批准，市政府农办和市监察局联合发出通知，即日起在全市实施农民负担监督卡制度。

1月8日　市物价局召开北京市物价工作会议，以后每年都召开，直到2001年。

1月21日　北京西客站正式开通运营。中央领导和有关部门负责人、参建单位代表、外国驻华使节共1000多人参加开通典礼。

2月15日　市教委成立。市教委是市政府主管全市教育事业的综合职能部门，是在撤销市政府文教办、市教育局、市高等教育局、市成人教育局的基础上成立的。

2月27日　首都精神文明建设委员会成立并举行第一次全体会议。会上原则通过《首都市民文明公约》和评选出的首都文明单位、文明居民区、文明村和首都精神文明建设奖章获得者表彰名单。

3月8日　首都精神文明建设大会召开。会议作出《关于修订〈首都市民文明公约〉和制定〈首都市民文明守则〉的说明》，强调要充分认识加强精神文明建设的重要性和紧迫性，把首都精神文明建设放在更加突出的地位抓紧抓好。

3月14日　市政府召开乡镇企业改革工作会，提出改革的重点是企业制度创新，解决产权单一、产权封闭、企业消费失控和企业负担过重的问题。

3月19日　中央政治局常委会召开会议，专题研究维护新疆稳定工作，要求根据新疆工作的需要，采取切实措施，培养和调配一大批热爱新疆，能够坚持党的基本路线和基本方针，正确执行党的民族政策和宗教政策的汉族干部去新疆工作，援疆工作拉开序幕。以干部人才援疆为主、经济援疆为辅，北京援疆干部分配到和田地区，没有固定的对口支援县市。

3月25日　首都绿化美化表彰大会召开。会议提出全市“九五”期间的绿化主要任务和2010年的远景奋斗目标，宣布1995年首都绿化美化先进单位和积极分子评选结果。

3月29日—4月4日　中国共产党北京市第十届人民代表大会第四次会议召开。会议审议通过《北京市国民经济和社会发展“九五”计划和2010年远景目标纲要》。

5月20日　首次召开北京市科学技术普及工作会议。会议总结新中国成立以来首都科普工作取得的成绩，提出新时期北京科普工作的指导思想和奋斗目标、任务与措施，并对全市获得全国和北京市的先进科普工作集体和个人进行表彰奖励。1996北京科技周同时开幕。

7月1日　北京市城镇居民最低生活保障制度正式实施。1996年全市城镇居民最低生活保障线为家庭人均月收入170元。

7月29日　市委、市政府、北京卫戍区召开市双拥模范区（县）命名大会。会上宣读了授予东城区等15个区（县）“双拥模范区（县）”荣誉称号的决定，关于表彰首都军（警）民共建社会主义精神文明标兵单位、先进单位和先进个人的决定。

8月28日　以“迈向21世纪的京台经济合作”为主题的京台经济合作研讨会开幕。

8月　北京市发出“集中力量重点支援巴东”的动员令，由最初的朝阳区对口支援改为全市对口支援巴东。

9月1日　京九铁路全线开通运营。京九铁路位于京沪、京广两大干线之间，北起北京西站，跨越京、津、冀、鲁、豫、皖、鄂、赣、粤9省市的上百个县市，南至深圳，连接香港九龙，正线2397千米，包括联络线在内全长2553千米。

9月6日　市十届人大常委会第三十次会议通过《北京市农村股份合作制企业暂行条例》，1997年1月1日起施行。

9月　中央召开扶贫开发工作会议，国务院办公厅转发《国务院扶贫开发领导小组关于组织经济较发达地区与经济欠发达地区开展扶贫协作报告的通知》，对开展东西部扶贫协作作出部署，要求北京市与内蒙古自治区建立扶贫协作关系。

10月7日—10日　党的十四届六中全会召开，审议通过《中共中央关于加强社会主义精神文明建设若干重要问题的决议》。会议指出，社会主义社会是全面发展、全面进步的社会，社会主义现代化事业是物质文明和精神文明协调发展的事业。

10月13日—15日　市委第七届八次全会召开。会议审议市委、市政府提出的《1996—2000年首都文明城市建设规划》和《关于加快北京市文化发展的若干意见》征求意见稿。

12月14日　《中共北京市委、北京市人民政府1996—2000年首都文明城市建设规划》公布。

12月31日　北京市第一次农业普查结束，数据显示，从事农业生产经营的农户达103.5万户。

本年　根据中共中央、国务院作出开展东西扶贫协作的重大决策，北京决定对口帮扶内蒙古的贫困县（旗）。

本年　全市地区生产总值1607亿元，按可比价格计算，比上年增长9.1%。

一九九七年

1月20日 北京市教育工作会议召开。会议回顾“八五”期间全市教育工作，提出教育事业发展“九五”计划和2010年长远规划。

1月22日 北京市“122”交通事故报警电话正式开通。

2月 第一批北京援疆干部抵达和田开展援疆工作。

4月16日 市十届人大常委会第三十六次会议通过《北京市生活饮用水卫生监督管理条例》，自7月1日起施行。这是国内第一部关于生活饮用水卫生监督管理的地方性法规。

4月 北京市对全市百岁老人实行长寿政策，年内为83位百岁老年人每人发放慰问金600元。

5月24日 北京市第一批8个爱国主义教育纪念地暨国耻纪念标志碑同时揭幕。

6月1日 北京市第一次调整城市低保线标准，由家庭人均月收入170元提高到190元。

7月 北京市基本农田划定工作全面完成，涉及13个区县275个乡镇3983个村，共划定基本农田430.6万亩。

8月7日 北京市召开讲文明、树新风，倡导文明言行，争创文明行业动员大会。会议提出，全市将在商业、旅游、卫生、园林、环境、房管、市政公用、电信、邮政、工交、地铁、出租汽车、铁路、供电等14个“窗口”行业中开展创建文明行业活动，进一步提高“窗口”行业的文明程度，树立“窗口”行业的文明新风。

8月14日 北京市乡镇企业工作会议召开。会议要求，加大重组转制力度，加快结构调整步伐，引导京郊乡镇企业持续、稳定、快速发展。

8月19日 北京市农村合作医疗工作会议召开，提出1999年北京市农村人口合作医疗覆盖率要达到90%。

8月21日 王忠诚先进事迹报告会举行，首都各界干部群众1400多人听取报告。王忠诚是北京天坛医院名誉院长、北京神经科学研究所所长、中国工程院院士、北京市优秀共产党员。

9月10日 陕京输气工程竣工投产。

9月12日—18日 中国共产党第十五次全国代表大会在北京举行。大会通过《高举邓小平理论伟大旗帜，把建设有中国特色社会主义事业全面推向21世纪》的报告。大会提出新的“三步走”发展战略，即下世纪第一个十年实现国民生产总值比2000年翻一番，使人民的小康生活更加宽裕，形成比较完善的社会主义市场经济体制；再经过十年的努力，到中国共产党成立一百年时，使国民经济更加发展，各项制度更加完善；到下世纪中叶中华人民共和国成立一百年时，基本实现现代化，建成富强民主文明的社会主义国家。

9月26日 北京市举行“五个一工程”表彰大会，向获奖代表颁奖。在中宣部组织的1996年度“五个一工程”评奖中，北京市共有9部作品获得全部7个奖项。

10月12日 市政府决定放开冬储大白菜价格，低收入居民可获一定补助。

10月14日 北京市山区水利富民综合开发工程动员大会召开，明确《北京市山区水利富民综合开发工程（1997—2003年）》第一阶段工作目标，强调要在3年时间里有效改善山区生产条件和生存环境。

10 月 20 日　第一届北京—香港经济合作研讨洽谈会在北京召开，以后每年轮流在北京、香港举行。

10 月 22 日　北京市首次民营科技工作会议召开。会议提出，要解放思想、转变观念，放开手脚发展民营科技企业，将民营科技企业发展纳入全市经济发展的总体规划。

11 月 11 日　北京市新技术产业开发试验区管理委员会正式成立。试验区被列为“中国亚太经济合作组织科技工业园区”，还被国家科委授予“国家高新技术产业开发区”称号。

11 月 11 日　市委、市政府发出《关于进一步深化农村经济体制改革落实农村经济政策若干问题的意见》，延长土地承包期 30 年不变，鼓励农民投资和发展新型合作。

11 月 21 日　全市农村基层组织整顿建设和扶贫工作总结表彰大会召开。会议对全市自 1994 年以来的 3 年间进行的以农村党支部为核心的村级基层组织配套建设和山区扶贫开发工作作全面总结，并对以后工作进行部署。会上，表彰 50 个“五个好”（好班子、好队伍、好路子、好体制、好制度）村党支部、31 个先进挂钩包村部门、12 名优秀乡镇党委书记、98 名优秀驻村工作队队员。

12 月 12 日—17 日　中国共产党北京市第八次代表大会召开。会议提出首都经济发展战略，明确北京跨世纪的奋斗目标和基本任务：到 2000 年，初步建立社会主义市场经济体制，全面完成现代化建设第二步战略部署，北京人均地区生产总值比 1980 年翻两番，城乡人民生活全面实现小康；到 2010 年，形成比较完善的社会主义市场经济体制，全市综合经济实力、社会发展和城乡人民生活力争达到中等发达国家首都的水平。

本年　京蒙签订《扶贫协作和经济技术合作会谈纪要》，两地正式展开对口帮扶。北京市18个区县与内蒙古自治区18个贫困旗县结成对口帮扶关系。每年无偿支援内蒙古自治区扶贫资金2000万元。

本年　全市地区生产总值1807.45亿元，按可比价格计算，比上年增长9.5%。全市人均地区生产总值达到16689元，按可比价格计算，比上年增长8.5%。

一九九八年

1月1日　北京广播电视节目上星仪式举行。北京电视台第一套节目和北京人民广播电台第一套节目正式利用“亚洲2号”卫星KU波段播出。

1月10日　北京市实施小城镇户籍管理制度改革，在市政府确定的小汤山等10个小城镇启动建设试点镇。

2月7日—8日　市委、市政府召开农林工作会议，强调要把郊区现代化建设推向一个新的发展阶段。会议对荣获全国农业综合开发先进单位的顺义县和荣获“京郊百富村”“京郊农业百富户”等称号的先进集体和先进个人进行表彰。

2月12日—13日　北京市经济体制改革工作会议召开。会议强调，全市将加快国有企业建立现代企业制度步伐，大力推进国有经济战略性改组，探索建立国有资产管理、监督和运行新体制。

5月21日—22日　市委、市政府召开国有企业下岗职工基本生活保障和再就业工作会议。会议强调要统一思想、提高认识、明确任务，搞好国有企业下岗职工基本生活保障和再就业工作，进一步推进首都的改革、发展和稳定。

7月4日　市政府办公厅转发市物价局《关于完善本市粮食价格形成体制意见》。

7月9日　市委、市政府发出《贯彻落实中共中央国务院关于切实做好国有企业下岗职工基本生活保障和再就业工作的通知》。

7 月 17 日　《北京市城市居民最低生活保障制度实施细则（试行）》颁布实施。

7 月 21 日　北京市召开第一次价格听证会，涉及自来水价格的调整。

9 月 10 日　市委、市政府召开电视电话会议，就贯彻落实《中共中央办公厅、国务院办公厅关于切实做好当前减轻农民负担工作的通知》作出部署。会议要求各区县和有关部门下大力气认真做好这项工作，切实把农民的不合理负担减下来。

10 月 6 日　市政府批转市体改委《关于本市国有大中型骨干企业建立现代企业制度的若干意见》，全面部署全市国有大中型骨干企业建立现代企业制度工作，提出 1998 年改制企业达到 35%、1999 年达到 55%、2000 年达到 75% 以上的年度目标。

10 月 12 日—14 日　党的十五届三中全会在北京举行。会议审议通过《中共中央关于农业和农村工作若干重大问题的决定》，提出到 2010 年建设有中国特色社会主义新农村的奋斗目标。

10 月 30 日—31 日　市委八届二次全会召开。全会审议通过《中共北京市委关于贯彻党的十五届三中全会精神，进一步加强农业和农村工作的意见》，提出到 2010 年北京郊区要率先基本实现农业现代化。

11 月 4 日　北京市第一家农业类上市公司——北京顺鑫农业股份有限公司在深圳证券交易所挂牌上市。

11 月 7 日　八达岭高速公路二期工程竣工，与一期工程衔接。全长 61.87 千米的八达岭高速公路全线建成通车。

12 月 4 日　市经委、市计委、市体改委等 8 部门印发《北京市支持国有工业企业主辅分离、分流富余人员、减员增效的若干意见》。

12 月 4 日—5 日　市委、市政府召开第一次城市管理工作会议。会议讨论《北京市街道管理体制改革方案》（讨论稿）和《北京市街道办事处工作规定（试行）》（讨论稿），提出要建立“职责明确、政企分开、条专块统、依法行政、民主参与”的街道管理新体制。

本年 全市地区生产总值 2009.9 亿元，按可比价格计算，比上年增长 9.7%。全市人均地区生产总值达到 18423 元，提前两年实现比 1980 年翻两番的目标。

一九九九年

1月19日 市委、市政府召开国有企业下岗职工基本生活保障和再就业工作会议。会议强调，要明确目标，突出重点，全力推进国有企业下岗职工基本生活保障和再就业工作。

4月10日 市委、市政府召开北京市职业教育工作会议。会议确定了以后一个时期北京市职业教育发展的总体目标是建设与“首都经济”相适应的职业教育体系，基本实现职业教育现代化，确定了全市要全面推进职业教育的4项改革。

6月5日 国务院在对北京市政府、科学技术部《关于实施科教兴国战略加快建设中关村科技园区的请示》的批复中，原则同意加快建设中关村科技园区的意见。批复指出，要注意借鉴国外建设科学城的有益经验，创建有中国特色的中关村科技园区，为全国高新技术产业的发展发挥示范作用。

8月6日 市委、市政府召开农村经济工作会议。会议强调，要进一步加大郊区改革的力度，加快郊区改革的步伐，进一步改善郊区的投资环境，切实加强对乡镇企业二次创业的领导，要坚持以市场为导向、效益为中心、农民为主体进行农业结构调整，在调整中坚持高起点、高科技含量、高科技带动，有利于区域经济、新兴产业和主导产业的形成。

8月20日 北京市再就业工作领导小组第八次会议召开。会议通报前7个月再就业工作形势和下一步工作的意见，指出1999年全市要确保失业人员和下岗人员再就业率都要实现60%，各级党委和政府要热情关心广大职工，特别是下岗职工的生活，为广大人民群众多办实事、好事，采取有力措施，切实搞好下岗职工再就业工作。

8月28日 平安大街、东四环路、菜市口大街、南闸市口大街4条现代化道路通车剪彩仪式举行。

8月31日 市政府与房山、门头沟、延庆、密云、平谷、怀柔6个山区区县签订责任书，要求年底人均所得1500元以下的低收入村和户要消除一半，2000年度消除人均1500元以下的低收入村。

9月14日 市政府颁布政府令，《北京市城市房屋拆迁施工现场防治扬尘污染管理规定》和《北京市失业保险规定》分别自9月14日和11月1日起实施。

9月17日 二、三环路改建工程竣工仪式举行。二、三环路改建工程包括道路的新建、改造、整治在内的106项大、小工程。其中改造西直门立交桥，改善大北窑立交桥，对三元桥等进行改造，同时对道路周围进行绿化美化。与二、三环路工程同步进行的玉泉营立交桥、丽泽路、莲花池西路改造工程也同期竣工通车。

9月25日 京沈高速公路北京段建成通车。

9月25日 海淀区六里屯垃圾卫生填埋场建成启用。

10月15日 北京市召开房改工作会议，部署《北京市进一步深化城镇住房制度改革加快住房建设实施方案》的贯彻落实工作，强调要进一步深化全市住房制度改革。

10月26日 北京市召开新经济组织工会组建工作会议。会议提出，哪里有职工，哪里有企业，哪里就应建立工会组织。

11月18日 市政府颁布政府令，《北京市企业劳动者工伤保险规定》自2000年4月1日起实施。

12月1日—2日 市委八届四次全会举行。会议审议通过《中共北京市委关于加强技术创新，发展高科技，实现产业化的意见》，提出“首都二四八重大创新工程”。

12月22日—23日 北京市教育工作会议召开。会议规划部署首都教育跨世纪改革与发展的目标、任务为深化教育改革、全面实施素质教育、在全国率先实现教育现代化。

本年 全市地区生产总值2169.7亿元，按可比价格计算，比上年增长10%。全市人均地区生产总值达到19803元，比上年增长9.3%。

二〇〇〇年

1月8日　国务院批复《北京市土地利用总体规划》，要求采取有力措施，切实加强对土地资源的管理，严格限制农用地转为建设用地，对耕地实行特殊保护。

2月26日　北京市交通管理“畅通工程”正式启动。

3月17日　首都综治委召开第二十六次全体会议，会议提出2000年首都社会治安综合治理工作的重点。18个区县及有关部、委、办分别与市领导签订2000年维护首都稳定、加强社会治安综合治理责任书、任务书。

4月10日　全国第一所专门接收品学兼优贫困生的中学——北京市宏志中学成立。

4月25日　北京市召开“扫黄”“打非”工作会议，部署第二阶段“扫黄”“打非”任务。重点任务是清理市场，严厉打击盗版光盘和其他盗版盗印活动。

5月19日　北京市召开养老保险基金全额缴拨和基本养老金社会化发放工作会议，动员和部署全市养老保险基金全额缴拨和基本养老金社会化发放改革工作。

6月1日　全市水利工作会议召开。会议分析当时全市水资源紧缺的形势，对下一步加强水资源管理和节水工作作出部署。

6月19日　“北京市人民政府便民电话中心”正式开通。

6月27日　市政府颁布政府令，《北京市实施〈城市居民最低生活保障条例〉办法》自7月1日起实施。

9月11日 王府井大街二期改造工程竣工仪式举行。

9月21日 南四环路建成通车仪式举行。

9月22日 《北京市村民委员会选举办法》和《北京市博物馆条例》经市十一届人大常委会第二十一次会议通过，分别于2000年10月1日和2001年1月1日起施行。

10月18日 北京市召开首都创建文明社区工作会议。会议提出，要力争在2004年将首都的每一个社区基本建成文明社区，提前完成中央提出的文明社区的创建目标。会议要求各区县总结文明社区建设的实践经验，探索发展规律和建设步骤，努力开创文明社区工作的新局面。

11月11日 北四环路竣工通车。

12月1日 市政府批转市民政局关于加快实现社会福利社会化的意见，明确全市社会福利社会化的指导思想、主要任务和总体目标。

12月8日 《北京市实施〈中华人民共和国大气污染防治法〉办法》和《中关村科技园区条例》经市十一届人大常委会第二十三次会议通过，2001年1月1日起施行。

本年 京蒙签订《北京市人民政府向内蒙古自治区人民政府提供科技发展资金协议》，明确北京市拨款1000万元用于支持内蒙古科技进步事业。

本年 全市地区生产总值2460.5亿元，比上年增长11%。全市人均地区生产总值达到2.2万元（折合2700美元），比上年增长10.3%。

二〇〇一年

2 月 10 日　市十一届人大四次会议闭幕，通过《关于北京市国民经济和社会发展第十个五年计划纲要的报告》决议、市政府关于申办 2008 年奥运会的议案等 7 项决议。

2 月 20 日　市政府颁布政府令，《北京市基本医疗保险规定》自 4 月 1 日起实施。

3 月 21 日　市政府召开全市医疗保险制度改革工作会议，出台医疗保险制度改革方案，要求在年底前实现 150 万～ 200 万职工参加医疗保险。

4 月 27 日　市委、市政府召开北京市社会保障暨再就业工作会议，通过《北京市“十五”时期残疾人事业发展规划》。

6 月 9 日　全长 65.3 千米的高标准城市快速路——北京四环路全线通车。

6 月 28 日　全市第七条高速公路——京开路（北京段）全线通车，这是北京正南方第一条高速路，由玉泉营立交桥到固安大桥，全长 42.15 千米。

7 月 5 日　广安大街暨南中轴路建成通车。

7 月 13 日　在莫斯科召开的国际奥委会第一百一十二次全会上，经投票表决，北京获得 2008 年夏季奥运会主办权。

8 月 3 日　《北京市促进私营个体经济发展条例》经市人大常委会第二十八次会议通过，自 10 月 1 日起施行。

9月8日 八达岭高速路全线贯通。

11月5日 北京市领导与吉林省领导座谈，签署《北京市吉林省进一步加强经济技术合作会谈纪要》。

12月6日 市政府办公厅印发市民政局、市财政局、市劳动保障局、市卫生局制定的《北京市城市特困人员医疗救助暂行办法》，自2002年1月1日起实施。

本年 全市地区生产总值2817.6亿元，按可比价格计算，比上年增长11%，全市人均地区生产总值3262美元。

二〇〇二年

1月24日 北京市城市环境综合治理动员大会召开。会议要求，全市人民立即行动起来，共同做好首都城市环境综合整治工作，改善环境质量和城市面貌，为市民创造更宜人的生活环境。

2月6日 市委常委会会议召开，认真学习中央政治局常委会关于进一步安排好困难群众生产和生活的指示精神，决定采取8项措施推进扶贫济困。

3月6日 由市委宣传部、首都文明办、团市委等单位发起的“扶贫济困春风行动”启动，旨在落实中央政治局常委会精神，倡导全社会为特困家庭献爱心，做热心公益好市民。

3月9日 以“天天环保——绿色承诺”为主题的首都百万青少年保护母亲河生态监护活动正式启动。这是全国第一个“保护母亲河日”。

3月10日 内蒙古自治区、北京市交流合作座谈会在京召开。双方就开展经济技术合作和新一轮扶贫协作工作进行座谈,并签署《交流合作座谈会纪要》。

4月11日 市政府颁布政府令，《北京市科学技术奖励办法》自5月8日起施行。

4月27日 市政府批转市民政局《关于建立和实施农村居民最低生活保障的意见》，即日起执行。

4月29日 北京汽车工业控股有限责任公司与韩国现代汽车集

团正式签署全面战略合资合作协议。

5月17日—22日 中共北京市第九次代表大会召开。这是在首都改革开放和社会主义现代化建设进入新世纪、新阶段召开的一次重要会议。大会选举产生中共北京市第九届委员会、市纪律检查委员会和北京市出席党的十六大代表，通过关于中共北京市第八届委员会工作报告和市纪委工作报告的决议。

6月13日 市政府办公厅转发市商委《关于解决社区居民早餐问题实施意见》，即日起执行。

6月26日 由北京大学、清华大学等21所高校帮扶12区县乡镇企业的“彩虹工程”全面启动，其宗旨是推动京郊乡镇企业与首都高等院校的优势互补，让专家博士帮助京郊农村发展二、三产业，在城乡之间、高校与乡镇企业之间架起桥梁，推动乡镇企业的二次创业。

7月22日 市政府批转市经委等部门《关于进一步推动全市工业企业技术进步的若干意见》，即日起执行。

8月1日 市政府办公厅转发市工商局等部门《北京市肉菜放心工程实施方案》，即日起执行。

8月5日 市政府印发《北京市新建居住区公共服务设施配套建设指标》，自9月1日起施行。

8月26日 市政府、中国工程院合作委员会第一次会议召开，双方签署全面合作协议。

9月1日 具有北京市户口、“享受城市居民最低生活保障待遇家庭”的60万名在公立中、小学就读的学生免交学杂费。

9月6日 《北京市市容环境卫生条例》和《北京市招投标条例》经市人大常委会第三十六次会议通过，分别自10月1日和11月1日起施行。

9月28日 全市首条以地面线和高架线为主的快速轨道交通线

路——城市铁路西线通车。

10月16日 市政府印发《关于实施〈北京历史文化名城保护规划〉的决定》。

11月23日 全市城区第一个危改项目——海运仓小区竣工，首批居民回迁。

12月31日 《北京市食品安全监督管理规定》经市政府第五十七次常务会议通过，自2003年2月1日起施行。

本年 全市地区生产总值3130亿元，按可比价格计算，比上年增长10.2%，全市人均地区生产总值3726美元。

二〇〇三年

1月28日 全长40.85千米的城市铁路全线通车。

2月22日—23日 北京市郊区工作会议召开。强调要按照党的十六大和中央农村工作会议精神，统筹协调城乡社会经济发展，推动城乡资源合理流动，加快郊区的大发展，标志着北京郊区进入城乡一体化协调发展的新阶段。

3月22日 全市第二道绿化隔离地区建设工程在通州运河生态公园启动。

4月17日 北京防治“非典”联合工作小组成立，统管在京党、政、军、群机关和企事业单位防治工作，统筹北京地区所有卫生资源，统一指挥所有医疗机构的防病治病，统一建立覆盖北京的防治网络，统一掌握疫情信息。

4月23日 市建委紧急召集住总、城乡、市政、建工、城建、中建一局六大建筑集团负责人会议，部署小汤山“非典”医院508间病房、各项配套设施达到一级传染病医院标准的建设任务。当日，首批300名施工人员及机械进场施工。

6月6日 北京的首次网上交易会——北京经济技术开发区网交会暨项目签约仪式开幕。

6月6日 经教育部批准，市政府在海淀走读大学基础上建立北京城市学院，并升格为本科院校。这标志着北京第一所民办本科普通高校诞生。

6月22日 市政府网站“首都之窗”公布《建立北京市应急指挥系统研究》工作方案。方案指出，北京将建立一个统一的市、区县（委办局）两级应急指挥系统，以快速应对反恐、重大火灾事故、突发公共卫生事件、重大交通事故等各类突发事件。

6月27日 市政府办公厅转发市政府体改办等部门《关于建立新型农村合作医疗制度实施意见的通知》。

7月4日 北京市召开治理教育乱收费工作电视电话会议，提出北京要坚决治理教育乱收费、高收费和违规收费。

7月18日 市第十二届人民代表大会常务委员会第五次会议公布通过《北京市预防和查处窃电行为条例》和《北京市人口与计划生育条例》。

7月29日 市政府第十一次常务会议审议通过《〈北京市森林资源保护管理条例〉实施办法》，自2003年10月1日起施行。

8月1日 全市正式实施国务院《城市生活无着的流浪乞讨人员救助管理办法》，并开展救助管理工作。

8月5日 市地税局宣布，市地税局、市财政局共同研究出台的本市农村税费改革实施方案对北京市农业税政策进行调整：农业税税率统一改为5%，农业特产税一律改征农业税，取消村提留。

8月6日 五环路跨越石景山铁路编组站的斜拉桥转体施工开始，重达1.4万吨的桥体将旋转49°凌空跨越7条铁路线。这是北京第一座转体斜拉桥，它的转体成功标志着五环路主体工程全线贯通。

8月13日 市委常委会召开会议，研究市委、市政府《关于进一步加强城乡环境卫生工作的若干意见》等事项。

8月15日 市公安局宣布，在贯彻公安部30项便民措施的基础上，北京结合首都的具体情况，再推出20项便民措施，并从即日起实施。这些措施涉及与市民生活密切相关的户籍管理、交通管理、出入境管理、治安管理4个方面内容。

8月25日 市委、市政府召开深化乡村集体经济体制改革工作会议，提出要大力推动乡村集体经济体制改革，全面落实农民土地经营承包权，创新集体土地承包经营制度，构造新型的集体经济产权制度，解决制约农村经济发展的体制性障碍。

9月5日 市十二届人大常委会第六次会议闭幕。会议审议通过《北京市养犬管理规定》和《北京市中小学生人身伤害事故预防与处理条例》。

10月27日 中关村国家知识产权制度示范园区正式挂牌。同时，承担实施园区知识产权战略步骤的中关村知识产权促进局也宣告成立。

11月1日 五环路全线通车。

12月3日 全市首所青少年科技创新实验学校诞生。一六六中学成为全国首批36所实验校中唯一的北京学校。

12月5日 《北京市未成年人保护条例》由市第十二届人民代表大会常务委员会第八次会议修订，自2004年1月1日起施行。

12月24日 市政府召开中外记者新闻发布会，正式对外发布《北京市生活垃圾治理白皮书》，向全社会公开承诺：到2008年前本市城8区生活垃圾无害化处理率将达到98%，城市环境全面改善。该白皮书的发布标志着市委、市政府将政府工作透明化，并接受全市市民和社会各界的监督。

12月24日 市劳动和社会保障局发布通知：全市最低工资上调30元，每月不低于495元。

12月 市4城区提前完成第三批119处保护院落挂牌工作。至此，全市挂牌保护的四合院达658处，涉及4城区的39个危改片，使北京旧城危改区内多数保存较好的四合院得到有效保护。

本年 全市地区生产总值3663.1亿元，按可比价格计算，比上年增长10.7%，全市人均地区生产总值4216美元。

二〇〇四年

1月8日　全市第一个廉租房建设项目——广渠门廉租房小区落成。

1月12日　我国第一座完全符合国际公认绿色标准的智能建筑——中美节能示范大楼竣工，其能源消耗比一般建筑减少40%以上。

1月25日　市爱卫会公布，全市创建卫生村700多个，农村卫生厕所达标率为72.98%，粪便无害化处理率达到82.65%。到2005年，北京市将建成卫生村1000个。

2月3日　市政府办公厅公布《北京市2004年在直接关系群众生活方面拟办的重要实事》，共计56项实事。

3月23日　全市2300多辆大型公交车电子屏在国内首次正式开通"天气快讯"，市民随时可以通过车内电子屏幕掌握最新的气象资讯。

3月24日　市委、市政府在市郊区工作会议上颁布《关于推进郊区城市化，促进农民增收的意见》，出台18项政策措施，推进郊区城市化，促进农民增收。

3月24日　市委、市政府公布《关于加快北京市林业发展的决定》。

4月1日　市十二届人大常委会第十次会议举行，审议通过《北京市无障碍设施建设和管理条例》。

4月21日　北京市首个地质灾害防治总体规划公布，中国地质科学院首次向公众开放，中国地质博物馆面向儿童开放。

4月22日 昌平区北七家镇郑各庄村等38个村被评为首批市级“民主法治示范村”。

4月23日 中关村知识产权促进局分别与上海浦东发展银行北京分行和中国人民财产保险股份有限公司深圳市分公司签署《中关村知银合作框架协议》和《中关村知保合作框架协议》，开始构建中关村知识产权金融服务体系。这在全国知识产权领域、金融领域首开先河。

5月1日 市委、市政府制定下发《中共北京市委、北京市人民政府关于贯彻〈中共中央、国务院关于进一步加强和改进未成年人思想道德建设的若干意见〉的实施意见》。

5月13日 首届首都妇女儿童文化体育节举行。

5月15日 首批平安示范社区（村）挂牌。

5月16日 北京市残疾人就业工作表彰会暨“六大爱心助残工程”举行启动仪式。

6月14日 市政府召开专题会，讨论研究倡议经营服务性公共场所内的厕所对社会公众开放使用。

6月25日 市政府召开整治“城中村”专题会议。会议强调，为了实现“新北京、新奥运”和率先基本实现现代化的战略目标，一定要下决心、花大力气整治“城中村”，推进北京城市现代化进程。

7月1日 经市政府批准，全市调整城市居民最低生活保障相关待遇标准。

7月5日 市委教育工委、市教委成立市教育系统学校德育工作领导小组，标志着以行政为主实施的德育工作机制正式启动。

7月5日 全市第一个投入运营的现代化智能交通枢纽站——北京动物园公交枢纽正式启用。

7月28日 市行政投诉中心成立。

8月31日 北京市领导和香港特别行政区行政长官等人共同出席京港高层会晤暨京港经贸合作会议第一次会议。双方就建立政府间合作机制即京港经贸合作会议制度达成一致意见。此次会议的召开标志着京港两地政府间合作新机制的确立。

9月8日 市十二届人大常委会第十四次会议召开。审议通过《北京市旅游管理条例（修正草案修改稿）》和《北京市实施〈中华人民共和国文物保护法〉办法（草案修改稿）》。

9月13日 市政府召开第五十九次市长办公会，审议通过《北京市农村特困人员医疗救助暂行办法》和《调整本市城市特困人员医疗救助政策有关问题的通知》。

9月25日 中国大陆第一条2英寸芯片生产线在北京经济技术开发区建成投产。

10月20日—22日 市十二届人大常委会第十五次会议召开，表决通过《北京市实施〈中华人民共和国道路安全法〉》和《北京市实施〈中华人民共和国动物防疫法〉办法》。

10月21日 中国科学院产业局与北京市中关村科技园区管理委员会共同组建的国家技术转移中心成立。

11月4日 市政府召开卫生防病工作会议，出台《北京公共卫生突发事件应急预案》。

11月17日 2004年世界厕所峰会在北京开幕。北京提出将建成“文明卫生、方便适用、节能环保”的“健康公厕”。

11月18日 《北京市城市环境建设规划》正式公布，确定以后3年全市环境建设的10项内容。

11月23日 全市第一条无障碍公交线开通。

11月26日 北京汽车工业控股公司与戴姆勒－克莱斯勒集团增资生产梅赛德斯奔驰轿车的合同签字仪式在德国举行。

12月9日 北京成立首支保安“快速反应部队”，协助公安机关处置突发事件。

12月24日 中关村SOC促进中心揭牌，标志着中关村涉足高端芯片研发领域。

12月25日 国内首条大容量快速公交线——快速公交1线开通。

本年 市委、市政府决定从2004年开始在全市免征农业税，使全市农民进一步减轻负担7300万元。

本年 全市地区生产总值4283.3亿元，按可比价格计算，比上年增长13.2%。全市人均地区生产总值4966美元。

二〇〇五年

1月18日　市政府通过《北京市2005年在直接关系群众生活方面拟办的重要实事》，共计55项实事。

2月15日　市财政局公布《关于公布取消涉及行政许可事项的行政事业性收费项目的通知》，废除106项行政事业性收费。

2月18日　市委常委会召开会议，审议通过《2004—2008年北京市文化产业发展规划》。会议强调，要大力发展社会主义先进文化，牢牢把握先进文化的前进方向，大力发展符合首都特点的文化产业，满足广大人民群众日益增长的文化需求，把首都的文化事业和文化产业做大、做强。

3月25日　市第十二届人民代表大会常务委员会第十九次会议通过《北京历史文化名城保护条例》，自2005年5月1日起施行。

4月25日　北京市成立突发公共事件应急委员会，统一领导全市突发事件应对工作。北京市成为全国第一座成立突发公共事件应急管理机构的城市。

4月　北京市文化市场行政执法总队成立，挂北京市"扫黄打非"办公室牌子。原由市文化局、市广播电视局、市新闻出版局（市版权局）、市文物局承担的相关行政处罚职责及行政强制、监督检查职责，以及原北京市"扫黄打非"工作领导小组办公室承担的职责划入市文化执法总队。

5月　中央新疆工作协调小组召开第五次会议，中共中央办公厅、国务院办公厅印发《关于确立有关省市、企业与新疆维吾尔自治区南疆四地州和新疆生产建设兵团在南疆三个师对口支援关系的通知》，确定了对口支援关系，提出了对口援疆工作的总体要求。全方位对口援疆工作展开。以干部人才援疆为龙头，实行经济、科技、文化全方位援疆，北京市对口支援和田地区墨玉县、洛浦县和策勒县。

7月4日 京津城际轨道交通工程开工。

7月6日 全市启动城镇教师支援农村教育工作活动。

9月9日 市政府发布《关于实施北京市突发公共事件总体应急预案的决定》，要求各区县政府和有关部门切实加强应急机构、应急队伍和应急救援体系、应急平台的建设，整合各类应急资源，建立和健全统一指挥、运转高效的应急机制。

9月28日 市委常委会召开会议，研究进一步做强中关村科技园区的若干意见。会议强调，做强中关村代表着首都高新技术产业化的发展方向，代表着把增强自主创新能力摆在重要的战略地位，是首都落实科学发展观的重要举措。

9月 北京市党政代表团赴新疆维吾尔自治区和田地区考察援疆工作。两市区签署《北京市—和田地区对口支援与合作框架协议》，确定为墨玉县、洛浦县、策勒县农牧民捐助95560台电视。

10月25日 市政府召开第四十四次常务会议，审议通过《北京市道路交通安全防范责任制管理办法（草案）》和《北京市流动人口计划生育管理规定（草案）》等。

11月24日 市委召开城市规划工作专家座谈会，就北京中心城控制性详细规划和通州、顺义、亦庄3个重点新城的专项规划征求专家意见。

12月5日 门头沟区龙泉镇赵家洼路竣工通车。至此，全市最后512个村铺上1691千米柏油路，上百万村民出行不再困难。

12 月 30 日　大兴区德茂庄—前门全长 16 千米的南中轴路大容量快速公交线开始运营。

本年　全市地区生产总值 6814.5 亿元，按可比价格计算，比上年增长 11.9%。全市人均地区生产总值 5548 美元。

二〇〇六年

1月15日—20日　市第十二届人民代表大会第四次会议召开。会议审议批准《北京市国民经济和社会发展第十一个五年规划纲要》等。

2月27日　北京市农村工作会议召开，研究部署社会主义新农村建设任务。会议强调，社会主义新农村建设要按照中央要求，坚持"生产发展、生活宽裕、乡风文明、村容整洁、管理民主"的方针，以经济建设为中心，全面推进农村经济、政治、文化、社会和党的建设。

3月1日　《北京市实施〈住房公积金管理条例〉若干规定》即日起实施。

3月15日　市政府印发《关于鼓励支持和引导个体私营等非公有制经济发展的意见》。

3月22日　市委、市政府印发《关于统筹城乡经济社会发展推进社会主义新农村建设的意见》。

3月　市委办公厅、市政府办公厅发出关于印发《2006年北京市社会主义新农村建设折子工程》的通知。折子工程涉及现代农业，二、三产业，科教兴农，培训及就业，合作组织，基础设施，社会事业，金融服务，环境服务，民主法制建设，党的建设，政策调研等方面，涵盖了农村、农业和农民工作中的主要问题。

4月3日　北京市向市民免费发放《首都市民防灾应急手册》。

4月19日　首都深入落实社会主义荣辱观暨2006年精神文明建

设工作大会召开。

5 月 9 日 市委、市政府召开北京市科学技术大会，学习贯彻全国科学技术大会精神，落实中共中央、国务院《关于实施科技规划纲要增强自主创新能力的决定》，部署实施市委、市政府《关于增强自主创新能力建设创新型城市的意见》。大会宣读《北京市人民政府关于 2005 年度北京市科学技术奖励的决定》，39 项成果获北京市科学技术一等奖。

5 月 10 日 市政公交一卡通交通系统在公交、地铁和出租车上全面开通使用。

5 月 22 日 市政府办公厅印发《关于建立本市农村居民最低生活保障标准调整机制的意见》。

5 月 30 日 中关村创新园奠基开园。

6 月 2 日 北京市第二批 180 所奥林匹克教育示范学校命名仪式在北京育英学校举行。至此，北京奥组委、教育部和市政府在北京建设和命名 200 所奥林匹克教育示范学校的计划全部完成。

6 月 20 日 北京市首条以燃烧氢气为动力的燃料电池公共汽车示范专线开通。

7 月 4 日 2016 名大学生在京郊 1853 个行政村担任村党支部书记助理、村委会主任助理，任期 3 年。

7 月 5 日 市委常委会研究并原则通过《北京市“十一五”时期人才规划》。

7 月 6 日 市政府召开专题会议，研究全市社会主义新农村建设工作。会议强调，要以科学发展观为统领，从“城市政府”转变为“城乡协调发展的政府”；在建设社会主义新农村的进程中，进一步解放思想，加大改革力度；在工作的关键环节上，进一步创新，不断加大投入力度和工作力度。

7月11日 北京市首家政府投资、企业经营、公办民营的福利院——三和老年公寓在北新桥街道成立。

8月1日 北京市社会主义新农村建设领导小组召开第一次全体会议。

8月5日 北京市80个新农村建设试点村村庄建设规划基本编制完成，进入审批程序。试点村主导产业全部确立，符合规划和产业政策的90个一产扶持项目，34个二、三产扶持项目多数已经启动实施。

8月7日 市政府召开专题会议，研究全市“十一五”防沙治沙规划和进一步加强防沙治沙工作等事项。

8月9日 市委常委会召开会议，研究加快发展社区卫生服务的意见等。会议讨论并通过《关于加快发展社区卫生服务的意见》。会议指出，加快发展社区卫生服务要坚持以邓小平理论和“三个代表”重要思想为指导，全面落实科学发展观，坚持为人民健康服务的方向，为人民群众提供安全、有效、便捷、经济的公共卫生和基本医疗服务。

9月1日 按照新修订的义务教育法，全市10个远郊区县30多万农村中小学生新学期不再交纳教科书费。

9月1日 房山区的462个行政村全部开通公交车，实现“村村通公交”。

9月29日 《北京市“十一五”时期环境保护和生态建设规划》印发。

10月9日 门头沟区田寺村实现家家通电话。至此，全市深山区所有行政村全部通上程控电话。

11月9日 市农委发布《关于发展都市型现代农业的政策意见》，重点围绕构建农业社会化服务与管理体系，选择市场开拓、优势主导产业、农业产业化经营、优质和唯一性特色农产品、资源和环境友好型农业、农业科技开发应用等重点予以扶持。

11月21日 市爱卫会首次颁布《北京市健康社区标准（试行）》。

11月23日 市交通委公布《北京“十一五”时期交通发展规划》，重点优先发展公共交通。

12月 北京市政府主要领导在京接见新疆和田地区党政代表团。

本年 全市地区生产总值8117.8亿元，比上年增长13%。全市人均地区生产总值6488美元。

二○○七年

1月11日　京郊首家城市综合管理指挥中心在通州区北苑街道办事处建成并投入使用。

1月15日　市政府向社会公布《北京市突发食品安全事件应急预案》（简本），提高全社会的防控意识，确保首都食品安全。

1月20日　市流动人口和出租房屋管理委员会及办公室成立。

1月20日　朝阳区朝外街道社会管理中心成立，为居民提供多种公共服务。这种整合社会资源、为居民免费提供服务的社区管理模式在全市属于首创。

1月　经过努力，全市已解决山区、半山区的1069个行政村、854个自然村30多万户的90多万农民群众收听广播、收看电视节目难的问题，提前4年完成国家“十一五”规划目标。

2月1日　北京市农村工作会议召开。会议学习贯彻中央经济工作会议精神和中央农村工作会议精神，研究部署2007年全市社会主义新农村建设的主要任务。会议要求进一步加大对新农村建设的投入，使广大农民群众享受到实实在在的实惠。

3月12日　首钢京唐钢铁联合有限公司钢铁厂开工建设。

3月14日　全国首个新型农村合作医疗网上直报系统在房山区开通。参加农村合作医疗的农民办理报销手续时间由过去的三四个月缩短到5分钟。

3月19日　京郊4000位农民成为全市首批乡村公路养护员，自此全市 13460 千米乡村公路有了专人看护。

3 月 26 日 市政府召开专题会议，研究建立北京市政策性农业保险制度。

4 月 3 日 北京市首届有突出贡献的高技能人才表彰大会召开，30 名高技能人才受到表彰。

4 月 8 日 “北京周末社区大讲堂”在首都图书馆开讲。

4 月 9 日 市政府召开专题会议，研究并原则通过《北京市关于学校体育设施向社会开放的指导意见》。

4 月 11 日 建设学习型城市工作会议召开。会议强调，要发挥首都优势，建设各类学习型组织，创新学习载体，大力推动全民参与的学习型城市建设。

4 月 13 日 市委办公厅、市政府办公厅转发市互联网宣传管理领导小组《关于加强北京市网络文化建设的意见》。该意见提出唱响网上主旋律，创造网络文化发展环境，扎实推进文明办网、文明上网，坚持依法、科学、有效加强网络管理，加强网络文化队伍建设和加强对网络文化建设工作的领导等 7 个方面共 22 条具体措施。

4 月 18 日 市委常委会召开会议，研究并通过《中共北京市委、北京市人民政府关于深入贯彻落实〈中共中央、国务院关于进一步加强新时期信访工作的意见〉的意见》等。

4 月 26 日 北京市公共文化服务体系建设中的重大项目“北京记忆”网站（www.bjmem.com）正式开通。

5 月 15 日 北京市非紧急救助服务中心 12345 开通。

5 月 17 日—22 日 中共北京市第十次代表大会召开。刘淇代表中共北京市第九届委员会向大会作题为《全面贯彻落实科学发展观为构建社会主义和谐社会首善之区而努力奋斗》的报告。

5 月 25 日 门头沟区被科学技术部命名为全国首家生态修复科

技综合示范基地。

7月1日 全市医保就诊实行实名制。参保人员到定点医疗机构就医时必须出示《北京市医疗保险手册》。

7月1日 全市实施《机动车交通事故快速处理办法》。

8月15日 市委常委会召开会议，讨论通过《关于深入贯彻落实科学发展观统筹解决人口问题的决定》和《北京市进一步推进义务教育均衡发展的意见》。

8月16日 北京市启动“无障碍推动日”活动。按照要求，每季度首月的16日被定为“无障碍推动日”。

8月21日 首都城市综合信息服务平台“北京网”开通。

8月 市政府印发《关于开展北京市第一次污染源普查工作的通知》。

8月 京蒙两市区签署《北京市・内蒙古自治区“十一五”时期对口帮扶与合作框架协议》，确定每年安排3060万元无偿援助资金。

9月3日 市民政局、市劳动和社会保障局、市财政局、市卫生局下发《关于城镇无医疗保障老年人和学生儿童大病医疗保险制度与城市医疗救助制度衔接问题的通知》，即日起执行。

10月7日 经过4年9个月的建设，北京首条贯穿城市南北的地下交通干线——地铁5号线开通试运营。

10月15日—21日 中国共产党第十七次全国代表大会召开，会议提出实现全面建设小康社会奋斗目标的新要求：增强发展协调性，努力实现经济又好又快发展；扩大社会主义民主，更好保障人民权益和社会公平正义；加强文化建设，明显提高全民族文明素质；加快发展社会事业，全面改善人民生活；建设生态文明，基本形成节约能源资源和保护生态环境的产业结构、增长方式、消费模式。

11月7日 《北京十一个新城规划（2005—2020）》发布，包括昌平、大兴、怀柔、密云、门头沟、平谷、延庆、房山、顺义、通州和亦庄地区。

11月22日 全市首家市民中心在东城区揭牌，市民可以从中了解政务信息，咨询政策，参加决策听证、政策征询，为地区发展建言献策。

11月30日 市第十二届人大常委会颁布《北京市食品安全条例》，自2008年1月1日起施行。

11月 新疆维吾尔自治区政府主要领导率代表团来京访问。

12月2日 市委社会工作委员会、市社会建设工作办公室成立。

12月8日 北京地铁6号线一期、8号线二期、10号线二期、亦庄线和大兴线共5条新线开工，标志着全市轨道交通建设进入全面提速阶段。

12月8日 北京市公安民警抚助基金会成立。因公伤亡、因公致残、因病致困的民警家庭可得到基金会的补助。

12月18日 市政府召开第77次常务会议和第187次市长办公会议，研究并原则通过《北京市人民政府关于进一步解决拖欠农民工工资问题的意见》。

本年 全市地区生产总值9846.8亿元，比上年增长14.5%，全市人均地区生产总值7903美元。

二〇〇八年

1月1日 北京市开始实施新型农村社会养老保险办法和城乡无社会保障老年居家养老保障办法。

1月12日 北京市举办首次餐饮业食品卫生管理员考试。考生成绩合格后将取得由市卫生局统一编号的《北京市食品卫生管理员考试合格证书》，并承担起本餐饮单位的卫生管理工作。

1月31日 北京市农村工作会议召开。会议强调，坚持以科学发展观为指导，把培育农村先进生产力、加快农民收入持续较快增长，作为首都新农村建设的中心任务；要进一步加强农业和农村基础设施建设，加快建立农村发展的产业支撑，着力拓宽农民增收渠道，逐步缩小城乡居民收入差距。

2月13日 市委常委会召开会议，通过《北京市农村党员干部现代远程教育工作实施意见》。

2月29日 世界最大单体航站楼——首都机场3号航站楼运营，首都机场跨入世界最先进机场行列。

3月19日 中共北京市委常委会召开会议，讨论通过《关于加强北京市公共文化服务体系建设的实施意见》。

3月23日 北京市首批免费开放博物馆名单正式公布。

3月24日 市政府第二次常务会议审议通过《北京市实施〈农村五保供养工作条例〉办法》，自2008年5月1日起施行。

4月3日 市委常委会召开会议，研究通过《北京市山区协调发展总体规划（2006—2020年）》《市委、市政府关于推动区县合作促进生态涵养区发展的意见（试行）》等。

4月7日 市委、市政府颁布《关于加强青少年体育增强青少年体质的实施意见》。

4月8日 市政府第三次常务会议审议通过《北京市商业零售经营单位促销活动管理规定》，自2008年6月1日起施行。

4月29日 市政府召开第五次常务会议，通过《北京市公共厕所管理办法》等。

5月12日 四川省发生“5·12”汶川特大地震灾害。6月11日，国务院办公厅印发的《汶川地震灾后恢复重建对口支援方案》明确北京市对口支援四川省什邡市。

6月8日 北京市应急委办公室会同北京市环保局编制的《北京市突发环境事件应急预案》，正式向社会发布。

6月9日 从首班车起，北京地铁全线正式启用自动售检票系统（AFC），告别沿用38年的纸质地铁票。

6月28日 通州区经适房及限价房公开摇号举行，71户家庭获得政策性住房的选房资格。这是北京首次举行限价房摇号配售，同时也是北京2008年首批经适房的摇号配售。

7月16日 华能北京热电厂二氧化碳捕集示范工程建成投产，这是我国在燃煤发电领域首次应用二氧化碳气体减排技术。

7月 从本月起，北京市47万无业居民可参加大病医疗保险。北京市在全国率先实现全民医保。

8月1日 京津城际铁路开通运营。

8月5日 国内首家环境权益交易机构——北京环境交易所挂牌。

8月8日—24日 第29届奥林匹克运动会在北京举行，204个国家和地区的 1 万多名运动员参加。中国代表团获得 51 枚金牌，第一次位居奥运会金牌榜首位。

9 月 1 日　北京市中小学生社会大课堂启动，首批 481 家资源单位向中小学生免费或优惠开放。

12 月 5 日　平谷区洙水村 147 家农户成立全市首个农村土地合作社。

12 月 11 日　北京市首次将二氧化碳排放生态补偿指标作为实体项目在交易所挂牌转让。

12 月 20 日　市政府发布《北京市城乡居民养老保险办法》，自 2009 年 1 月 1 日起实施。

12 月 23 日—25 日　市委十届五次全会召开，表决通过《中共北京市委关于率先形成城乡经济社会发展一体化新格局的意见》等。

12 月 28 日　北京新能源汽车设计制造产业基地授牌。

本年　全市地区生产总值 11115 亿元，比上年增长 9.1%，全市人均地区生产总值 9286 美元。

二〇〇九年

1月1日　全市65周岁及以上老年人免费乘坐公共电汽车。

1月1日　全市取消中小学义务教育阶段借读费、外来人口管理费、证件工本费和暂住证费等20余项行政事业收费。

1月23日　北京市家电下乡工作动员大会召开，家电下乡项目开始实施。

2月12日　北京市农村工作会议召开。会议强调要充分发挥农民的主体作用，大力发展郊区农村经济，加快推进城乡一体化进程。

2月20日　市委、市政府发布《关于加快农村改革促进农民增收的若干意见》。

3月19日　《北京市帮扶企业应对国际金融危机的若干措施》发布，从6个方面提出29条帮扶企业的具体措施。

3月20日　《国务院关于同意支持中关村科技园区建设国家自主创新示范区的批复》正式公布。建设中关村国家自主创新示范区动员大会召开，大会表彰了中关村科技园区20周年突出贡献企业（单位）和个人。

3月25日　全市首个限价房项目——西三旗限价房交付入住，4000多户居民搬入新居。

4月12日　市社会建设工作领导小组认定全市首批10家市级“枢纽型”社会组织。

4月25日　北京市城区、郊区的车辆开始使用同一号段的机动车号牌，新车号牌发放不再有城区、郊区之分。

4月 市委、市政府就低收入户增收问题出台《北京市共同致富行动计划工作方案》。

5月28日—30日 首届北京端午文化节举行。

5月31日 首家老字号网点上线运营，百余个老字号品牌、3000多类商品入驻网店。

6月1日 京籍且在京居住的0～6岁儿童可以获得包括发育评价、乳牙萌出等在内的免费定期健康检查。

6月12日 首都新能源产业技术联盟揭牌仪式举行。

6月16日 北京市职工互助服务卡签约仪式举行，职工互助温暖工程正式启动，全市400万名工会会员享受互助服务。

6月 北京市代表团赴西藏自治区学习交流，考察援建项目，看望援藏干部。

7月2日 北京SOS儿童村正式开村。

8月5日 《健康北京人——全民健康促进十年行动规划》正式启动。

8月8日 全国“全民健身日”启动仪式北京主会场活动在奥林匹克公园举行。

8月 北京市代表团赴青海省学习考察，签署《北京市人民政府·青海省人民政府关于加强科技教育合作协议》，合作期3年。

9月1日 无环保标志的外埠车辆不得进入北京市。

9月1日 全市三级医院预约挂号全面推广。

9月1日 北京市公办普通高校全日制非在职、非京籍学生可参加北京市学生儿童大病医疗保险，缴费标准和享受待遇标准与北京市学生相同。

9月6日 北京市残疾人福利基金会成立。

9 月 10 日 北京市开始季节性流感疫苗接种工作，60 岁以上老人及中小学生免费接种，这是首次对中小学生免费接种。

9 月 12 日 六环路良乡至寨口段完工通车暨全线贯通仪式举行。至此，全长 187.6 千米的北京六环路全线贯通。

9 月 18 日 北京市公租房北苑南区项目开工，北京公共租赁房建设启动。

12 月 14 日 北京市首个专为农村土地流转服务的农地流转信息网开通。

12 月 23 日 全市 15 万余名农村党员干部通过全市 4233 个现代远程教育终端站点收看电视专题片《走进远程教育》，标志着北京市农村党员干部现代远程教育教学平台正式开通。

12 月 29 日 市政府下发《贯彻落实国务院关于北京市土地利用总体规划批复的意见》。

本年 选聘第四批大学生“村官”1786 名，实现北京市每村有两名大学生的目标。

本年 全市地区生产总值 12153 亿元，比上年增长 10.2%，全市人均地区生产总值 9799 美元。

二〇一〇年

1月5日 市发展改革委、市住房城乡建设委等5部门联合发布《北京市加快太阳能开发利用促进产业发展指导意见》。

1月26日 北京市首批10个公安局派出所中心警务站落成，主要承担人口管理、治安管理、安全防范等职能。

2月6日 北京市发放首批林权证。

2月14日—28日 首届“百姓大戏节，欢乐过新年”活动举行，共演出220场。

2月27日 北京市农村工作会议召开。会议总结了2009年全市农业农村工作会议精神，部署2010年各项任务。会议作出关于表彰社会主义新农村建设先进集体和先进个人的决定、关于2009年度北京市农业技术推广表彰奖励的决定。

3月1日 北京银行消费金融有限公司对外营业，这是国内首家个人消费金融公司。

3月1日 全市首批4个公共自行车免费服务站点启用。

3月12日 北京市、青海省对口帮扶座谈会召开，市领导介绍北京市经济社会发展情况和帮扶工作情况，以及下一步对口支援工作建议等。

3月 国务院召开全国对口支援新疆工作会议，印发《关于进一步加强和推进对口支援新疆工作的实施方案》；5月，中央召开新疆工作座谈会，出台《中共中央 国务院关于推进新疆跨越式发展和长治久安的意见》，新一轮对口援疆工作开启。实施经济、干部、人才、教育等全面援疆，北京市对口支援和田地区和田市、和田县、墨玉县、洛浦县和兵团第十四师。

4月2日　北京物流公共信息平台正式上线，成为北京市首个由政府打造的物流行业网上服务中心。

4月19日　中组部、人力资源和社会保障部印发《关于做好第六批援藏干部和第一批援青干部选派工作有关问题的通知》，明确北京干部支援玉树。

4月21日　市委常委会召开会议，听取并研究《关于贯彻国发〔2010〕10号文件精神坚决遏制我市房价过快上涨的通知》（讨论稿），研究中小学校舍及居民住宅等抗震加固工作等。

4月23日　北京物业管理行业协会发布普通商品住宅物业服务成本，这是北京市第一次公开物业服务成本。

4月　北京市党政代表团赴新疆和田地区调研考察援疆工作。

5月11日　北京市首个对接安置房项目开工。城区与郊区县采取“结对子”的方式，建设定向安置房，疏解旧城人口，安置保障性住房轮候家庭。

5月13日　首都城市环境建设委员会成立。

5月24日　北京市首家公共医疗应急大楼在二炮总医院新门诊综合大楼启用。

5月24日　青海玉树4月14日发生地震后，国务院确定北京市、辽宁省和4家中央企业共同参与玉树灾后恢复重建。

5月28日　北京金融资产交易所揭牌，成为国内第一家正式运营的全国性金融资产交易平台。

6月10日　北京市与青海省签订《青海玉树地震灾后恢复重建援建协议》，确定北京市承担极重灾区结古镇的市政基础设施建设、结古镇新村的整体重建、重灾区隆宝镇的整体重建等灾后恢复重建任务，市政路桥、城建集团、住总集团及建工集团 4 家北京国企具体承担建设任务。北京市成立玉树恢复重建指挥部。

6 月 26 日　北京市与中国农科院签署《首都农业高端发展“5+1”战略合作协议》。

6 月 30 日　用于地铁房山线的国产地铁列车在北京下线。这是国内第一个时速 100 千米、国产化率达到 95% 以上、具有完全自主知识产权的地铁电动客车。

6 月　经十届市委常委会第 143 次会议研究决定，将北京市西部开发工作领导小组（北京市援藏工作领导小组）、北京市支持三峡库区移民工作领导小组、北京市对口支援地震灾区领导小组合并，组建北京市对口支援和经济合作工作领导小组。在整合北京市对口支援地震灾区指挥部办公室和市发展改革委区域合作处的基础上，组建北京市对口支援和经济合作工作领导小组办公室。

7 月 5 日　130 家定点医疗机构开通社保卡，北京市实现持卡就医实时结算的医疗机构达到 1757 家，所有参加城镇职工医疗保险人员社保卡基本发放到位。

7 月 20 日　全市首家区级残疾人就业服务中心在西城区成立。

7 月 26 日　市委、市政府印发实施《首都中长期人才发展规划纲要（2010—2020 年）》，提出建设世界一流人才之都的发展目标。

7 月　第一批援青干部进入青海玉树工作。

8 月 16 日　科学技术部和市政府共建国家现代农业科技城签约仪式举行。双方签署《科学技术部—北京市人民政府共建国家现代农业科技城协议》。

8 月 21 日　北京市主要领导在京会见内蒙古自治区党政代表团，签署“十二五”京蒙区域合作框架协议，调整帮扶思路，重点帮扶赤峰、乌兰察布两市。“十二五”期间，安排的帮扶资金，以 2011 年 8000 万元为基数，建立 8% 的年增长机制。

8 月 26 日 北京市主要领导在京会见青海省主要领导，并召开工作交流座谈会，市领导介绍北京市经济社会发展情况和帮扶工作情况，以及下一步对口支援工作建议等。

8 月 市委、市政府主要领导在京与新疆生产建设兵团考察团座谈交流。

9 月 1 日 北京市全面免除城市地区义务教育教科书费。

9 月 17 日 北京市首家“六站合一”楼宇工作站在东城区体育馆路街道北京鹰岛大厦揭牌，党建工作站、综治工作站、工会服务站、团建工作站、妇女工作站、社会工作站进驻楼宇。

9 月 28 日 北京综合应急救援总队正式成立，配合专业救援队开展以抢救人员生命为主的综合应急救援和社会公共应急救助任务。

9 月 北京市圆满完成援建什邡任务，实现了“三年任务两年基本完成”的目标，累计完成实物工作量约 72 亿元，援建工程项目 108 个，涉及社会保障、文化教育、城乡基础设施、产业发展、新农村建设五大类。

9 月 京什双方签订《北京市—什邡市合作框架协议（2010—2013 年）》，利用援建剩余资金 2.76 亿元设立“合作专项资金”安排合作项目，在教育、卫生、产业发展、农副（特）产品销售、农业技术 5 个领域开展为期 3 年的对口合作。

10 月 21 日 北京历史文化名城保护委员会成立，并召开第一次会议。

10 月 21 日 市委、市政府召开北京市对口支援什邡灾后恢复重建总结表彰大会。

10 月 27 日 首都医药卫生协调委员会正式成立。

11月19日 市十三届人大常委会第二十一次会议审议通过《北京市水污染防治条例》，自2011年3月1日起实施。

11月29日 市政府发布《关于促进沟域经济发展的意见》。

11月29日—30日 市委十届八次全会召开。会议审议通过《中共北京市委关于制定北京市国民经济和社会发展第十二个五年规划的建议》等。全会号召全市各级党组织和广大共产党员要团结带领全市各族人民，解放思想、开拓创新，求真务实、扎实工作，推动"人文北京、科技北京、绿色北京"战略，圆满完成"十二五"规划各项任务。

11月 市委、市政府主要领导在京会见和田地区党政代表团。

12月1日 市委常委会召开会议，研究《北京市城镇居民基本医疗保险办法》（讨论稿）等。

12月10日 北京市、内蒙古自治区"十二五"时期对口帮扶合作工作启动大会在京召开，会议确定了"十二五"时期对口帮扶合作实施方案。

12月20日 首批"北京牌"纯电动轿车在北汽集团新能源汽车产业基地下线。

12月23日 市政府发布《关于进一步推进首都交通科学发展加大力度缓解交通拥堵工作的意见》。

本年 全市地区生产总值14113.6亿元，比上年增长10.3%，全市人均地区生产总值10910美元。

二〇一一年

1月31日 市公安局东城分局网格化警务模式暨社区民警驻区制启动，56名网格民警和驻区社区民警正式上岗，为社区群众服务，成为全市首批网格民警。

2月15日 《北京市加快城市和国有工矿棚户区改造工作实施方案》发布。

2月18日 首都城市环境精细管理美化市容工作动员部署大会召开。会议决定，全市将向环境脏乱、白色污染等市容环境顽疾宣战，开始对城市环境进行精细化管理。

2月19日 “全面深入开展文明交通行动”动员部署大会在工人体育馆举行。“首都文明交通行动”将历时5年，广泛发动社会各界和市民群众，持续深入开展文明交通行动，全面提升市民文明素质和首都城市文明形象。

2月24日 北京市农村工作会议召开。会议提出，要着力抓好郊区农村经济发展，加快郊区城镇化步伐，加快推动生态涵养发展区的发展建设，着力提高农民群众的收入水平。

2月 新疆自治区普通高校毕业生来京培养工作启动。

3月24日 《北京市中长期教育改革和发展规划纲要（2010—2020年）》正式发布。

3月30日 市委常委会召开会议，研究并通过《中共北京市委北京市人民政府关于贯彻落实〈国务院关于中关村国家自主创新示范区发展规划纲要（2011—2020 年）的批复〉的实施意见》《贯彻落实〈关于中关村国家自主创新示范区建设人才特区的若干意见〉实施方案》《中共北京市委北京市人民政府加快建设中关村人才特区行动计划（2011—2015 年）》等。

3 月　国家发展改革委印发《关于开展对口支援青海省藏区工作的指导意见》，明确北京对口支援青海省玉树州。

4 月 15 日　2011 年推进西部地区转型发展工作动员部署会在门头沟区召开，标志着西部地区转型发展工作全面启动。

4 月 18 日　中国首个“第三代行政服务中心”——西城区综合行政服务中心挂牌启用。

4 月 19 日　市环保局发布《北京市清洁空气行动计划》。

4 月　市委、市政府主要领导与来京访问考察的新疆维吾尔自治区党政代表团座谈交流。

5 月 26 日　《首都职工素质建设工程五年规划》颁布实施。

6 月 1 日　市委常委会召开会议，研究并通过《健康北京“十二五”发展建设规划》《北京市关于党的基层组织实行党务公开的意见》等。

6 月 2 日—3 日　市委十届九次全会召开。审议通过《中共北京市委北京市人民政府关于加强和创新社会管理全面推进社会建设的意见》等。

6 月 22 日　市委常委会召开会议，研究并通过《北京市食品安全行动计划（2011—2015 年）》《北京市贯彻落实〈国务院关于加快培育和发展战略性新兴产业的决定〉的实施意见》。

6 月 30 日　北京市保障性住房建设投资中心揭牌。

6 月　在庆祝建党 90 周年之际，北京市组织开展“新疆兵团老战士走进北京”系列活动，31 名老战士代表及 61 名家属应邀参加。

7 月 6 日　市委常委会召开会议，研究并通过《北京市“十二五”

时期科技北京发展建设规划》《关于促进我市居民收入增长的意见》。

7月13日 财政部、国家发展改革委、商务部、科学技术部和市政府联合签署中关村国家自主创新示范区现代服务业综合试点协议，标志着全国现代服务业综合试点工作正式启动。

7月14日 北京市水务改革发展工作大会召开。会议强调，要认真学习贯彻中央水利工作会议精神，立足首都市情，落实最严格的水资源管理制度，大力推进节水型城市建设，走中国特色水利现代化道路，向观念要水、向机制要水、向科技要水，促进水务工作可持续发展。

7月21日 首都综治委社会矛盾多元调解工作协调委员会成立并召开第一次全体（扩大）会议。

7月27日 市委常委会召开会议，研究并通过《北京市“十二五”时期人文北京发展建设规划》《关于全面加强城乡社区居民委员会建设工作的意见》等。

8月26日 市委深入开展创先争优活动领导小组办公室召开北京市窗口单位和服务行业为民服务创先争优工作部署会。会议要求，全市窗口单位和服务行业要以“创服务品牌、树党员形象”为主题，开展“三亮三比三评”，即亮标准、亮身份、亮承诺，比技能、比作风、比业绩，群众评议、党员互评、领导点评。

8月31日 市委常委会召开会议，研究构建和谐劳动关系和未来科技城建设等事项。

9月5日 《北京市“十二五”时期绿色北京发展建设规划》发布。

9月7日 市委常委会召开会议，研究并通过《北京市加快推进再生资源回收体系建设促进产业化发展的意见》《昌平区东小口地区综合配套改革试点方案》。

9月8日 国家开发银行与北京首农集团签署融资总量达300亿元的《支持首都“菜篮子”三保障体系建设合作协议》，为保障城市食品安全、物价稳定、市场供给进行有益尝试。

9月22日—25日 北京市党政代表团赴河南、湖北考察调研，实地走访了丹江口库区有关市县，并与河南省签署《河南省人民政府北京市人民政府战略合作框架协议》。

9月24日 北京市党政代表团赴巴东考察调研，并向巴东县赠送1500万元资金及600台电脑、15辆救护车等价值500万元的物资。

10月12日 市委常委会召开会议，讨论通过《关于加强本市公共租赁住房建设和管理的通知》。

10月18日 北京、天津、河北、山西、内蒙古5省区市党委宣传部在京共同签署《华北五省区市文化发展战略合作框架协议》，华北5省区市将建立文化发展联席会议机制，在整合区域文化资源、发挥首都文化中心的辐射作用、提升区域文化发展的影响力和辐射力等方面展开广泛而深入的交流合作。

11月2日 市委常委会召开会议，听取《北京市生活垃圾管理条例》立法情况的汇报等。

11月15日 北京市委主要领导接见南阳市党政代表团。

11月17日 “北京微博发布厅”在新浪网上线运行。首批共有市政府21个部门的政务微博加入“北京微博发布厅”。

11月21日 北京市对口支援工作领导小组会议召开，决定援助资金1亿元支持巴东县黄土坡搬迁安置房建设，同时进一步加大市级财政预算支持巴东的力度，从2012年起，在2500万元的基础上每年递增8%安排资金支持巴东。

12月7日 市委常委会召开会议，听取关于起草《中共北京市委关于发挥文化中心作用加快建设中国特色社会主义先进文化之都的意见》情况的汇报等。

12 月 市委、市政府主要领导在京接见和田地区党政代表团。

本年 全市地区生产总值 16251.9 亿元，比上年增长 8.1%，全市人均地区生产总值 12643 美元。

二〇一二年

1 月 5 日 市发展改革委发布《北京市“十二五”节能减排全民行动计划》，明确提出北京市将在“十二五”时期率先实施机动车国Ⅴ排放标准。

1 月 21 日 市环境保护监测中心正式公布 PM2.5 研究性监测数据。

2 月 12 日 为全面落实文物安全监管措施，确保全市文物建筑安全，市区文物部门正式启动“2826 项普查登记文物挂牌工程”和“千名文化遗产监督员上岗工程”。

2 月 15 日 《北京市“十二五”时期生产性服务业发展规划》公布，这是全国首个生产性服务业领域的 5 年专项规划。

3 月 2 日 北京市召开城乡接合部建设总结表彰大会，标志着全市 50 个重点村建设两年目标任务圆满完成，首都城乡接合部城市化建设取得阶段性胜利。

3 月 11 日 国家对外文化贸易基地暨北京国际文化贸易服务中心在顺义北京天竺综合保税区内开建。

3 月 15 日 北京市农村工作会议召开。会议强调，要始终坚持把解决好“三农”问题作为工作的重中之重，动员各方面力量，形成工作合力，为推进农村改革发展提供有力的组织保障，开创郊区农村工作的新局面。

3 月 15 日 当时世界规模最大、服务能力最强、最具环保示范效应的智能充换电站——高安屯电动汽车充换电站投入运营，标志着全市新能源汽车运行工作全面提速。

4月13日 北京市召开老旧小区综合整治工作动员大会。会议号召广大工程建设者，要大力弘扬和践行北京精神，以群众满意为标准，以工程安全为准则，以施工质量为保障，在老旧小区综合整治这个事关群众切身利益的重大民生工程上打一场漂亮仗，为尽快改善群众住房条件、加快北京建设发展再立新功。

4月16日 北京市对口支援工作表彰大会在京召开，授予新疆和田指挥部规划发展部等7个单位“北京市对口支援工作先进集体”荣誉称号；授予于俊龙等30名同志“北京市对口支援工作先进个人”荣誉称号；授予市教委办公室等18个单位“北京市对口支援工作组织奖”，授予北京博远欣绿生物科技有限公司等10个单位及个人“北京市对口支援工作社会贡献奖”。

5月16日 市委常委会召开会议，讨论并通过《关于加强我市城乡社区综合减灾工作的指导意见》和《北京市综合防灾减灾社区标准》等。

5月18日 北京市召开公立医院改革试点启动暨医改工作会议，传达贯彻全国深化医药卫生体制改革工作会议精神，总结全市2009年—2011年医改工作，部署2012年医改任务，启动全市公立医院改革试点。

5月30日 市委常委会召开会议，讨论并通过《北京市人民政府关于实行最严格水资源管理制度的意见》。

5月30日 北京市召开网格化社会服务管理体系建设推进大会。计划用一年左右时间，初步建立起网格化社会服务管理工作体系框架。

6月29日—7月3日 中共北京市第十一次代表大会召开。刘淇代表中共北京市第十届委员会向大会作题为《全力推动首都科学发展为建设中国特色世界城市而努力奋斗》的报告。

7 月 11 日 市委常委会召开会议，研究《北京市中小学建设三年行动计划（2012—2014 年）》（讨论稿）等。

8 月 9 日 全市营业税改征增值税试点改革启动大会召开。北京是继上海之后全国第二个试点地区，自 9 月 1 日起正式实施。

8 月 22 日 北京市新一轮山区地质灾害隐患区及生存条件恶劣地区农民搬迁工程启动大会召开。计划未来 5 年间，7 万余农民搬迁出山，涉及 7 个区县 60 个乡镇 399 个行政村 35089 户 74458 名农民。

10 月 11 日 市委、市政府出台《关于加强首都民政工作的意见》。

10 月 20 日 "八合一"的四惠交通枢纽启动试运营，除长途客运外，轨道交通、市区公交、市域公交、出租车、小汽车、自行车、步行 7 种交通方式并行。长途客运站 10 月 23 日启用。

11 月 3 日 全国首个文化保税中心——北京大山子文化保税中心成立。

11 月 8 日—14 日 中国共产党第十八次全国代表大会在北京召开。中共中央总书记胡锦涛代表十七届中央委员会作题为《坚定不移沿着中国特色社会主义道路前进，为全面建成小康社会而奋斗》的报告。大会选举产生新一届中央委员会和中央纪律检查委员会，通过关于十七届中央委员会报告的决议、关于中央纪律检查委员会工作报告的决议、关于《中国共产党章程（修正案）》的决议。11 月 15 日，十八届一中全会选举产生新一届中央政治局，选举习近平、李克强、张德江、俞正声、刘云山、王岐山、张高丽为中央政治局常委，习近平为中央委员会总书记；决定习近平为中央军事委员会主席；通过中央书记处成员；批准中央纪律检查委员会书记、副书记和常委人选，王岐山为书记。

11月30日 习近平总书记参加第二十五个世界艾滋病日活动，并到设在北京市丰台区蒲黄榆社区卫生服务中心石榴园分中心的北京市社区药物维持治疗第七门诊部看望艾滋病患者，参加艾滋病防治志愿者培训交流活动。

12月7日 加快推进北京经济技术开发区创新发展大会召开。会议发布《关于进一步加快推进北京经济技术开发区发展的意见》，提出北京经济技术开发区未来将向东南方向扩展，进一步下放市级行政审批权等发展规划。

12月19日 市委常委会召开会议，贯彻落实12月4日中央政治局审议通过的《关于改进工作作风、密切联系群众的八项规定》实施意见，研究并通过《中共北京市委办公厅、北京市人民政府办公厅贯彻落实中央关于改进工作作风、密切联系群众八项规定的实施意见》。

12月19日—23日 第七届中国北京国际文化创意产业博览会举行。博览会举行期间，共举办100多场活动，100多万人次参与，达成投资和交易总额1089.53亿元。

12月22日 市委、市政府出台《关于推进农村经济薄弱地区发展及低收入农户增收工作的意见》，具体部署进一步加快全市农村经济薄弱地区发展、促进低收入农户较快增收工作。

12月25日 北京市贯彻落实《国务院关于同意调整中关村国家自主创新示范区空间规模和布局的批复》工作大会召开。10月13日，国务院批复同意调整中关村国家自主创新示范区空间规模和布局。

12月27日 市十三届人大常委会第三十七次会议召开。会议表决通过《北京市湿地保护条例》和《北京市食品安全条例》。

12月28日—29日 市委十一届二次全会召开。会议总结全市2012年经济社会发展工作，部署2013年各项任务，表决通过《中国共产党北京市第十一届委员会第二次全体会议决议》。

12 月 中关村国家自主创新示范区从“一区十园”扩至“一区十六园”，分别是东城园、西城园、朝阳园、海淀园、丰台园、石景山园、门头沟园、房山园、通州园、顺义园、大兴—亦庄园、昌平园、平谷园、怀柔园、密云园、延庆园。

本年 截至年底，全市共有中共党员 191.5 万名，基层党组织 8.8 万个，其中基层党委 5004 个、党总支 4577 个、党支部 7.8 万个。

本年 全市地区生产总值 17801 亿元，比上年增长 7.7%，全市人均地区生产总值 13797 美元。

二〇一三年

1月1日 京津冀开始按照《环境空气质量标准》要求开展监测，并实时发布细颗粒物（PM2.5）等6项基本项目的实时监测数据和环境空气质量指数等信息。

1月10日 北京市召开抗击2012年“7·21”特大自然灾害总结表彰会议，表彰在抢险救灾中涌现的先进集体和先进个人。

1月18日 在2012年度国家科学技术奖励大会上，北京市获得90项大奖，获奖数量占全国通用项目获奖总数的34.2%，比2011年提高7个百分点。“嫦娥二号”任务团队摘得国家科学技术进步奖特等奖。

1月22日—28日 北京市第十四届人民代表大会第一次会议举行。会议表决通过关于北京市人民政府工作报告的决议、北京市2012年国民经济和社会发展计划执行情况与2013年国民经济和社会发展计划的决议、北京市2012年预算执行情况和2013年预算的决议、北京市人民代表大会常务委员会工作报告的决议、北京市高级人民法院工作报告的决议、北京市人民检察院工作报告的决议。

2月2日 门头沟区白庄子、东辛称两村的975名村民拿到股份分红，这是北京市首个农村集体资产信托管理试点首次分红。

2月21日 北京市召开科学技术奖励大会暨2013年北京市科技工作会议，表彰获得2012年度北京市科学技术奖的184项科技创新成果，部署2013年北京市科技工作。

2月27日 市政府办公厅印发《关于进一步加强本市应急能力的意见》，对进一步加强全市应急能力作出部署。

3月1日 市政府成立北京市大气污染综合治理领导小组，市长任组长，成员单位包括市发展改革委、市环保局等26个市有关部门，以及16个区县政府和北京经济技术开发区管委会。

3月19日 北京市对口支援和经济合作工作领导小组会议召开。会议强调，要注意发挥北京优势，摸清受援地需求，援其所需、援尽所用，帮助受援地区实现跨越式发展。

3月29日 市政府办公厅印发《关于深入实施商标战略推动首都品牌经济发展的意见》。从总体要求和发展目标、主要任务、主要措施等方面对实施商标战略进行部署，提出要建立健全保障机制，促进商标战略实施与首都经济社会发展的深度融合。

3月 国务院批复了国家发展改革委、国务院南水北调办制定的《丹江口库区及上游地区对口协作工作方案》，明确北京市对口协作河南、湖北两省水源区16个县（市、区）。

4月16日 市领导与第七届北京市文学艺术奖获奖代表座谈。共有51部文艺作品获奖，其中电影《杨善洲》、电视剧《媳妇的美好时代》、歌曲《阳光路上》等10部佳作获第十二届全国精神文明建设“五个一工程”奖。

4月16日—23日 第三届北京国际电影节举办。此次电影节新设“天坛奖”评奖活动，共有56个国家和地区的531部影片报名参赛，11个国家的15部影片入围提名，最终产生10个“天坛奖”奖项。

4月17日 市政府印发《北京市生活垃圾处理设施建设三年实施方案（2013—2015年）》，明确市政府各相关部门及区县政府工作职责。

4月23日 中关村国家知识产权服务业集聚发展试验区揭牌成

立，中关村成为全国首批国家知识产权服务业集聚发展试验区之一。

4月24日 市领导与青海省玉树藏族自治州党政代表团座谈。会议明确，北京市对玉树藏族自治州的灾后援建工作结束后转入长期对口支援的新阶段。

5月7日 市委、市政府主要领导与新疆和田党政代表团进行座谈。2011年以来，北京市对口支援新疆和田地区1市3县，截至2013年5月，共安排援建项目303个、援建资金49亿元。

5月18日—11月18日 第九届中国（北京）国际园林博览会在北京丰台永定河畔举办。园博会举办期间，共举办五大类21项文化活动，累计演出1200余场次；28个国家48座城市派出演出团队参加活动，直接参与表演4.5万人次，演出文艺节目7400个；共接待游客610余万人次。

5月22日 北京市代表团赴河北省学习考察。京冀双方签署《北京市—河北省2013至2015年合作框架协议》和11个专项协议，进一步深化合作，着力打造首都经济圈，加快区域一体化进程，共促区域经济社会协调发展。

5月28日—6月1日 由商务部和北京市主办的第二届中国（北京）国际服务贸易交易会（京交会）举办，吸引来自117个国家和地区的到会客商及代表累计达13.8万人次。

6月18日 《2012年北京市卫生与人群健康状况报告》发布。数据显示，2012年北京市居民基本健康指标位居全国前列，全市户籍居民期望寿命为81.35岁，比2011年增长0.23岁。这是市政府自2008年连续第四年面向社会公开发布北京市居民健康和卫生事业发展的相关数据。

6月21日 市委常委会召开会议，讨论并通过《关于在全市深入开展党的群众路线教育实践活动的实施意见》和《北京市第一批深入开展党的群众路线教育实践活动工作方案》。会议决定，全市党的群众路线教育实践活动分两批进行，每批半年时间，第一批从2013年7月开始，第二批从2014年1月开始。2014年10月11日，北京市党的群众路线教育实践活动总结大会召开。

6月28日 五四运动火烧赵家楼发生地、京报馆旧址、长辛店工人俱乐部旧址、八路军邓华支队司令部旧址等19处遗址遗迹正式挂牌命名为“北京市爱国主义教育纪念地”。

6月30日 市科委发布首都十大疾病重大科研项目中的一项成果——新的脑血管病治疗方案。该技术由首都医科大学附属北京天坛医院医学家牵头实施，历经14年，通过114个单位5170例临床试验研究，使轻微脑血管病患者恶化为致残、致死的严重脑血管病的概率减少32%。

7月27日 2013中外投资机构暨民营企业北京投资发展洽谈会开幕。洽谈会上，14个“高精尖”项目落地，项目涉及电子信息、新材料、生物医药等北京市重点发展的产业领域，投资金额达108.8亿元。

7月29日 市政府印发《关于支持农业产业化龙头企业发展推进农业产业化经营的实施意见》。

7月 奥林匹克公园得到国家体育总局批复，成为首批国家体育产业示范基地之一，也是北京市首个获此殊荣的单位。

8月12日 市政府印发《北京市2013—2017年加快压减燃煤和清洁能源建设工作方案》。提出加快压减燃煤和清洁能源设施建设，构建安全、清洁、高效的现代城市能源体系。

9月11日 市政府印发《北京市2013—2017年清洁空气行动计划》，明确北京市空气质量改善的目标。通过5年治理，2017年全市PM2.5年均浓度为58微克/立方米，完成国家“大气十条”目标任务。

9 月 12 日 世界旅游城市联合会 2013 北京香山旅游峰会举行，来自 31 个国家和地区的 66 个城市及业界代表齐聚北京，共商全球旅游业发展与合作大计。

9 月 29 日 财政部、科学技术部、国家税务总局等国家部委联合发布《关于在中关村国家自主创新示范区开展高新技术企业认定中文化产业支撑技术等领域范围试点的通知》等 4 条新政策。

10 月 1 日 市政府印发《关于进一步鼓励和引导民间资本投资文化创意产业的若干政策》。重点在加强政府服务保障和资金支持、鼓励民间资本参与国有文化企事业单位改革等 16 个方面出台优惠政策。

10 月 12 日 市政府印发《关于加快推进养老服务业发展的意见》。提出要从市情出发，大力发展方便可及、价格合理的各类养老服务和产品，逐步满足多层次、多样化养老服务需求。

10 月 22 日 市住房城乡建设委会同市发展改革委、市财政局等 4 部门印发《关于加快中低价位自住型改善型商品房住房建设的意见》。11 月 12 日，首批 7 个 2013 年北京市第一批自住型商品房项目规划设计方案在北京市规划展览馆正式对外展出。7 个项目分布在 4 个区县，套型面积均为 90 平方米以下，可提供自住型商品房 1.6 万余套。

10 月 23 日—24 日 第十七届北京—香港经济合作研讨洽谈会在北京举行。此次洽谈会促成 94 个项目，现场 15 个投资项目集中签约，金额超 70 亿美元。

10 月 市政府主要领导赴新疆乌鲁木齐、新疆生产建设兵团及和田地区、兵团第十四师考察援疆工作。

11 月 6 日—10 日 第八届中国北京国际文化创意产业博览会举

行。其间，共举办推介交易、论坛峰会、创意活动等100余场文化活动，吸引120多万人次参与。

11月9日—12日 中国共产党第十八届中央委员会第三次全体会议举行。全会听取和讨论习近平受中央政治局委托作的工作报告，审议通过《中共中央关于全面深化改革若干重大问题的决定》。

11月21日 第十六届京台科技论坛暨2013年台湾名品博览会在北京举办。论坛以“合作共享、合力共进”为主题，在北京、台湾两地分别举办博览会和论坛，推动两地在高新技术产业、现代制造业等领域深入合作。

11月21日 市住房城乡建设委发布《关于加强本市公共租赁住房社会管理和服务的意见》。提出将公租房承租家庭纳入属地网格化社会管理服务体系，享受与属地户籍居民均等的社会公共服务。

12月2日 市政府印发《关于加强河湖生态环境建设与管理工作意见（2013—2015年）》，把建设河湖生态环境作为首都生态环境建设的重要任务。

12月22日—23日 中共北京市委十一届三次全会举行，会议总结2013年工作，研究部署2014年经济社会发展各项任务。

12月26日 第七届首都民族团结进步表彰大会召开，140个先进集体和259名先进个人受到表彰。会议强调要切实维护好少数民族群众的合法权益，增进少数民族群众的福祉。

12月27日 河南省党政代表团来京，双方围绕南水北调对口协作工作进行交流。市经信委、市教委、市科委、市卫生局、市南水北调办、市旅游委等部门与河南省相关部门签署了分领域合作协议。

12月30日 全国首家农村集体资产监督管理委员会在海淀区挂牌成立。该机构履行资产审计、合同清理、土地监管等职责，实现对海淀区农村集体资产的有效监管。

本年 北京市圆满完成援建玉树灾后恢复重建任务。

本年 截至年底，全市共有中共党员196.2万名，基层党委5148个、党总支4680个、党支部8.1万个。

本年 全市地区生产总值1.98万亿元，比上年增长7.7%。固定资产投资7032.2亿元，比上年增长8.8%。城镇登记失业率1.21%。城镇居民人均可支配收入和农民人均纯收入分别达40321元和18337元，分别比上年增长10.6%和11.3%，扣除物价因素，分别比上年增长7.1%和7.7%。

二〇一四年

1月1日　《北京市城乡居民大病保险试行办法》实施。该办法规定，全市参加城镇居民医保或新农合的居民，如果上一年有高额看病费用，除正常报销之外还能再报一次大病保险，不设封顶线。该办法惠及全市414万人。

1月7日　北京市召开非公有制经济人士理想信念报告会暨优秀中国特色社会主义事业建设者表彰大会，46名新的社会阶层人士获得优秀中国特色社会主义事业建设者荣誉称号。

1月10日　在2013年度国家科学技术奖励大会上，北京地区共有75个项目获国家科技奖，占全国通用项目获奖总数的30.5%。其中，有9个项目获一等奖。连续3年空缺的国家自然科学奖一等奖，以及2013年唯一的国家技术发明奖一等奖均出自北京。

1月12日—13日　中共北京市委十一届四次全会召开。会议学习贯彻党的十八届三中全会和习近平总书记重要讲话精神，审议通过《中共北京市委关于认真学习贯彻党的十八届三中全会精神全面深化改革的决定》《中国共产党北京市第十一届委员会第四次全体会议决议》。

1月16日—22日　北京市第十四届人民代表大会第二次会议召开，会议表决通过《北京市实施〈中华人民共和国全国人民代表大会和地方各级人民代表大会代表法〉办法》《北京市人民代表大会代表建议、批评和意见办理条例》《北京市大气污染防治条例》3部法规，以及关于市政府工作报告的决议等。

2月10日 市政府办公厅印发《关于促进信息消费扩大内需的实施意见》。提出高标准推进信息基础设施建设、高起点培育信息消费需求、全方位推动信息产业转型升级、深层次推进信息消费与文化消费融合、多举措促进电子商务快速发展等政策措施。

2月13日 市委常委会召开扩大会议，传达习近平总书记对北京市加快推进京津冀及周边地区大气污染防治工作的重要批示，听取全市贯彻落实习近平总书记对北京市工作重要批示精神的汇报。

2月14日 首都生态文明和城乡环境建设动员大会召开。会议贯彻落实习近平总书记对北京工作的重要批示精神，总结部署全市生态文明和城乡环境建设工作。会议强调，要进一步全市动员，以更大的决心、更有力的措施，推动治理“城市病”攻坚战向纵深发展。

2月21日 市十四届人大常委会第九次会议召开，审议通过全市单独家庭生育两孩政策等事项，表决通过《北京市人口和计划生育条例修正案》，标志着“单独两孩”政策在全市正式施行。

2月25日—26日 习近平总书记到北京市就全面深化改革、推动首都更好发展，特别是破解特大城市发展难题进行考察调研。其间，他主持召开座谈会，听取北京市、天津市、河北省工作汇报，研究北京市发展和管理及京津冀协同发展问题，就推进北京发展和管理工作提出5点要求：明确城市战略定位；调整疏解非首都核心功能；提升城市建设特别是基础设施建设质量；健全城市管理体制；加大大气污染治理力度。

2月 市人力社保局发布2014年全市企业退休人员养老金调整方案。从2014年1月1日起，全市退休人员养老金每月人均增加277元，平均养老金突破3000元，提高至3050元。

3月1日—2日 中共北京市委十一届五次全会召开。会议传达学习贯彻习近平总书记在北京考察工作时的重要讲话精神，审议通过《中国共产党北京市第十一届委员会第五次全体会议决议》。

3月10日 市住房城乡建设委、市发展改革委和市财政局联合印发《关于进一步加强廉租住房与公共租赁住房并轨分配及运营管理有关问题的通知》，明确房源分配、产权登记、租金定价和合同及档案管理等问题，推动"四房并轨"及管理运营规范化。

3月20日 北京市对口支援和经济合作工作领导小组会议召开，部署2014年支援合作任务，强调要以援建项目为载体促进民族一家亲。会上审核通过《北京市南水北调对口协作工作实施方案》和《北京市南水北调对口协作规划》。

3月25日 北京市召开科学技术奖励大会暨2014年科技工作会议，表彰获得2013年度北京市科学技术奖的233项科技创新成果，部署2014年北京科技工作。

4月15日—17日 2014中国（北京）跨国技术转移大会举办。大会以"智汇北京、跨界融合、互利共赢"为主题，聚焦生态建设和节能环保领域，采用"线上+线下"相结合的方式，征集1000多项国际科技合作需求。

4月25日 住房城乡建设部发布《关于做好2014年住房保障工作的通知》，北京市成为6个共有产权住房试点城市之一。

4月28日—30日 北京市第十三次妇女代表大会举行。大会向北京市"三八"红旗奖章获得者和"三八"红旗集体代表颁奖，审议通过关于北京市妇联第十二届执行委员会工作报告的决议。

4月30日—5月1日 2014"艺术北京"博览会在全国农业展览馆举行。此次博览会在经典艺术展区首次展示中国民间传统手工艺，有染织绣、民间美术、刻绘、皮影、剪纸、风筝等各种手工艺品。

5月7日 北京市农村地区减煤换煤暨美丽乡村建设部署会议召

开。会议提出，从2014年开始，每年完成10万户左右的农宅抗震节能改造任务。

5月15日 北京市第三届发明专利奖颁奖大会举行，36项创新成果获得表彰。北汽福田的“用于发动机冷却系统的副水箱和发动机冷却系统”专利获特等奖，清华大学的“自呼吸空气的便携式电源”等35个项目分获一、二、三等奖。

5月17日—24日 以“科学生活·创新圆梦”为主题的2014年全国科技活动周暨北京科技周举办主场设在全国农业展览馆。共吸引16万人次到现场参观体验，另有64万人次通过北京电视台电视节目观看现场直播、800多万人次观看网络直播。

5月26日 市委办公厅发布《关于培育和践行社会主义核心价值观的实施意见》，明确指导思想、原则要求和方法措施等，强调要建立党委、政府负总责，全社会齐抓共管的工作格局。

5月28日 市政府办公厅印发《北京市碳排放权交易管理办法（试行）》。明确全市碳排放权交易全过程的基本操作规则，政府部门及各参与主体的权利和职责，设定监督管理措施、激励机制和法律责任，保障北京市碳排放权交易市场规范、有序进行。

5月30日 在“六一”国际儿童节到来之际，习近平总书记到海淀区民族小学参加学校少先队主题队日活动，了解学生们的学习和课余活动，特别是学校开展多种活动引导学生培育和践行社会主义核心价值观方面的情况。中共中央政治局常委、国务院总理李克强到八一儿童医院看望就医的残疾儿童。

5月30日 北京市召开少数民族乡村经济工作会议，表彰2013年度全市少数民族乡村经济工作发展先进单位，总结工作经验，并部署下一步工作。会议要求，加大对少数民族乡村的扶持力度，加强政策集成和部门联动，通过“一帮一”等形式重点扶持，推动少数民族乡村经济的发展。

6月8日—11日 第八届中国北京国际节能环保展览会在北京展览馆举行，主题为“节能低碳，清洁空气”。京津冀及周边地区节能低碳环保产业联盟首次亮相。

6月10日 市政府办公厅印发《提升农村人居环境推进美丽乡村建设的实施意见（2014—2020年）》。

6月19日 《中国总部经济发展报告2013—2014》显示，北京在城市总部经济发展能力指标评定中综合能力得分高居榜首。其中，基础条件、商务设施、研发能力和专业服务4个分项优势突出，均排第一位。

6月25日 市委印发《北京市贯彻落实〈建立健全惩治和预防腐败体系2013—2017年工作规划〉的实施意见》，提出惩防体系建设的总体要求，明确坚持不懈抓好党的作风建设，坚持以零容忍态度惩治腐败，坚持科学有效预防腐败，加强对党风廉政建设和反腐败工作的统一领导等具体部署。

6月28日—29日 北京市代表团到河北省学习考察，与河北省领导共商落实中央指示精神，推动京津冀协同发展大计。

7月1日 京津冀海关区域通关一体化改革在北京海关、天津海关率先启动。通关一体化改革涉及的企业自主选择申报地点、跨关区放行等功能全部实现。

7月2日 市政府办公厅印发《关于进一步优化市场消费环境的意见》。要求落实市场主体责任，强化消费环境的源头治理；严格监管执法，加强对重点领域和突出问题的规范治理；聚合社会资源，构建多元参与的消费者权益保障和社会监督机制；加强协调联动，健全运转有效的工作体系。

7月7日 纪念全民族抗战爆发77周年仪式在中国人民抗日战

争纪念馆举行。习近平总书记与抗战老战士和少年儿童一起为“独立自由勋章”雕像揭幕，并作重要讲话。领导同志与各界群众一同参观“伟大胜利——纪念中国人民抗日战争暨世界反法西斯战争胜利”大型主题展览。

7月21日 《北京市新增产业的禁止和限制目录（2014年版）》印发。在全市范围内禁止和限制的产业达到147个，占全部产业类别的34%；在首都功能核心区和生态涵养区禁止和限制的产业分别达到322个和285个，分别占全部产业类别的75%和66%。

7月27日—8月25日 北京市第十四届运动会举行。全市16个区县组团参赛，共设27个正式项目、3个表演项目。比赛最终产生941枚金牌。此次市运会参赛总人数创历史新高，其中资格赛参赛8000余人，决赛参赛7776人。

7月29日 经中共中央、国务院批准，市政府发布机构设置通知，设置工作部门45个。其中，市政府办公厅和组成部门26个、直属特设机构1个、直属机构18个。

7月29日—8月2日 第十一届世界葡萄大会在延庆召开，大会达成交易意向4.5亿元。

7月31日 河北省党政代表团来北京考察。京冀双方签署《共同打造曹妃甸协同发展示范区框架协议》《共建北京新机场临空经济合作区协议》《共同推进中关村与河北科技园区合作协议》《共同加快张承地区生态环境建设协议》《交通一体化合作备忘录》等7项协议。

8月6日 天津市党政代表团来北京考察。京津双方签署《贯彻落实京津冀协同发展重大国家战略推进实施重点工作协议》《共建滨海—中关村科技园合作框架协议》《关于进一步加强环境保护合作的协议》《关于加快推进市场一体化进程的协议》等6项协议。

8月16日 北京市科委、天津市科委、河北省科技厅签署《京津冀协同创新发展战略研究和基础研究合作框架协议》，加快建立和完善战略对话、信息交流、工作对接、科技资源和成果开放共享的协同机制与长效机制，并在协同创新发展战略研究和基础研究层面进行具体部署。

8月19日—24日 北京市第九届民族传统体育运动会举办。运动会以“56个民族共圆中国梦”为主题，共设珍珠球、绫球、空竹、陀螺等13个竞赛项目和健身腰鼓、健身操舞、太极拳等5项表演项目。来自全市16个区县的6000余名运动员组团参赛。

8月22日 国家对外文化贸易基地（北京）暨北京天竺综合保税区·文化保税园正式开园。该园借助“境内关外”的特殊区域优势，成为综合性文化贸易服务平台和国际口岸型产品市场、要素市场。

9月18日 国家开发投资公司、北京排水集团、中国工商银行等5家机构设立首期100亿元水环境投资基金，优先投入北京市3年行动计划中的污水处理和再生水利用设施建设。

9月29日 市政府印发《关于继续深化医药卫生体制改革的若干意见》。

9月30日 在庆祝中华人民共和国成立65周年之际，中国迎来首个“烈士纪念日”。上午10时，习近平等党和国家领导人同首都各界代表一起向人民英雄纪念碑敬献花篮，表达缅怀追思。

9月 北京市党政代表团赴新疆维吾尔自治区及和田地区、兵团第十四师考察援疆工作。

10月14日 市政府办公厅印发《关于支持外贸稳定增长的若干措施》。

10月14日—18日 北京市代表团赴西藏自治区学习考察，进一步推进北京市对口援藏工作，深化两地交流合作，促进京藏共同发展。

10月16日 联想、百度、北汽福田、京东方等27家企业入选中关村首批知识产权领军企业培育名单。

10月 首批600余名首都文艺志愿者陆续启程，前往北京、天津、河北、新疆、西藏、内蒙古等地50个服务基地，展开服务。

11月6日 北京知识产权法院作为全国首家知识产权法院率先成立。

11月7日 市政府办公厅印发《关于进一步加强金融支持小微企业发展的若干措施》。

11月13日 纪念市政协成立65周年座谈会召开。会议强调要充分发挥人民政协在首都工作中的独特优势和作用，努力为实现“两个一百年”奋斗目标和抒写中华民族伟大复兴中国梦的首都篇章贡献力量。

11月25日—26日 第十八届北京—香港经济合作研讨洽谈会在北京举办。本届京港会以“互通要素、双向投资、同享机遇、共创繁荣”为主题，共举办包括领导会见、开幕式、交流圆桌会、重大项目发布会等4场重要活动、8场专题活动及1场考察活动，共发布407个项目，其中21个项目进行现场签约，涉及投资额达71.8亿美元。投资项目涉及非物质文化遗产产业、地铁新建线路、文化创意产业、生物医药等多个领域。

12月2日 北京市社会科学界联合会第六次代表大会召开，表彰204项获奖成果。会议强调要努力构筑哲学社会科学繁荣发展的思想文化高地，加快建设适应经济社会发展需求的高端智库。

12月12日 南水北调中线一期工程正式通水。该工程2003年12月开工建设，从丹江口水库调水，沿京广铁路西侧北上，全程自流，向河南、河北、北京、天津供水，干线全长1432千米，年调水95亿平方米。截至2019年底，南水北调全面通水5年，累计调水300亿立方米，直接受益人口超过1.2亿。

12月22日—24日 中共北京市委十一届六次全会召开。会议学习贯彻党的十八届四中全会、中央经济工作会议精神，深入贯彻落实习近平总书记系列重要讲话精神，总结2014年工作，研究部署2015年经济社会发展各项任务，审议通过《中共北京市委关于贯彻落实党的十八届四中全会精神全面推进法治建设的意见》《中国共产党北京市第十一届委员会第六次全体会议决议》。

本年 截至年底，全市共有中共党员198.9万名，基层党委5276个、党总支4568个、党支部8.2万个。

本年 全市地区生产总值2.13万亿元，比上年增长7.3%。固定资产投资7562.3亿元，比上年增长7.5%。社会消费品零售总额9638亿元，比上年增长8.6%。城镇登记失业率1.31%。城镇居民人均可支配收入和农村居民人均纯收入分别达43910元、20226元，扣除物价因素，分别比上年增长7.2%和8.6%。地方公共财政预算收入4027.2亿元，比上年增长10%。全年居民消费价格同比上涨1.6%。

二〇一五年

1月5日 《中共北京市委关于贯彻落实党的十八届四中全会精神全面推进法治建设的意见》发布。

1月20日 市政府办公厅印发《关于加快社会信用体系建设的实施意见》。该意见提出：北京市到2017年要基本建立起与首都经济社会发展水平相适应的社会信用体系基础框架与运行机制；到2020年建成国内领先的社会信用体系，成为全国社会信用体系规范运行的示范区。

1月23日—29日 北京市第十四届人民代表大会第三次会议举行。会议表决通过《北京市居家养老服务条例》。

1月25日 《国家高新区互联网跨界融合创新中关村示范工程2015—2020》在中关村启动。10个重要传统产业开启与互联网产业“联姻”改造的示范工程，为全市构建“高精尖”产业结构再添新动力。

1月26日 北京市在“中国旅游金途奖”颁奖盛典上获得“年度智慧旅游城市”奖项。

2月27日 北京市科学技术奖励大会暨2015年市科技工作会议召开。220项科技成果获得2014年北京市科学技术进步奖。

3月20日 市政府办公厅印发《关于创新重点领域投融资机制鼓励社会投资的实施意见》。从总体要求、重点领域、机制创新、政策保障4个方面对如何进一步创新重点领域投融资机制，充分发挥社会资本特别是民间资本的积极作用进行部署。

3 月 26 日 北京市十四届人大常委会十八次会议表决通过 2015 年政府 29 件重要民生实事。这是自 1986 年市政府开始公布办民生实事工作以来第一次将实事提交人大审议。此后，每年将重要民生实事项目安排列入市人大常委会讨论决定的重大事项。

4 月 7 日 经住房城乡建设部、科学技术部综合评审，北京市门头沟区、大兴区庞各庄镇、新首钢高端产业综合服务区、房山区良乡高教园区、西城区牛街街道入选国家智慧城市 2014 年度新增试点。

4 月 7 日 市政府办公厅印发《北京市推进文化创意和设计服务与相关产业融合发展行动计划（2015—2020 年）》。

4 月 9 日 北京市对口支援和经济合作工作领导小组会议召开。会议强调，把对口支援作为北京分内的事来办，绵绵用力，久久为功，为边疆地区、民族地区实现全面建成小康社会目标作出更多贡献。

4 月 22 日 《“互联网 +”微信政务民生白皮书》发布。该白皮书显示，截至 2014 年底，全国政务微信号总量达到 40924 个。其中，北京以近 3000 个政务微信号的数量在全国 31 个省区市中排名第四。

4 月 24 日 北京与老挝万象市签署缔结友好城市关系协议，万象成为北京第五十二个国际友好城市。

4 月 26 日 首届“北京自行车日”活动在石景山体育场举行，来自社会各界的 40 支代表队 1500 余名骑友骑上自行车，践行绿色出行、低碳生活的理念。此次活动是国内首次尝试举办城市自行车日活动，此后每年 4 月的最后一个周日确定为“北京自行车日”。

4 月 30 日 中央政治局召开会议，审议并通过《京津冀协同发展规划纲要》。会议指出，推动京津冀协同发展是一个重大国家战略。战略的核心是有序疏解北京非首都功能，调整经济结构和空间结构，走出一条内涵集约发展的新路子，探索出一种人口经济密集地区优化开发的模式，促进区域协调发展，形成新增长极。

5月5日 国务院批准北京市开展为期3年的服务业扩大开放综合试点，北京成为全国唯一的服务业扩大开放综合试点城市。9月13日，印发《北京市服务业扩大开放综合试点实施方案》。2017年6月25日，国务院再次批复《深化改革推进北京市服务业扩大开放综合试点工作方案》，标志着试点工作进入全新阶段。

5月6日 印发《北京市人民政府关于加快首都科技服务业发展的实施意见》，提出加快首都科技服务业的发展目标。

5月19日 京津冀及周边地区大气污染防治协作机制第四次会议召开。会议强调要认真学习贯彻习近平总书记关于生态文明建设的重要讲话和指示精神，按照中共中央、国务院决策部署，加强协作、联防联控，在推动京津冀协同发展中有效治理大气污染。

5月22日—23日 北京市代表团赴河北省承德市学习考察。双方就推动京津冀协同发展、共建生态文明达成高度共识，努力探索形成具有区域特色的绿色发展模式。

5月26日 天津市党政代表团来北京考察，共商推动京津交流与合作，更好落实京津冀协同发展的国家战略。

5月29日 北京市第十四届人民代表大会常务委员会第十九次会议通过《北京市水土保持条例》，自2016年1月1日起施行。

5月29日 市政府办公厅印发《关于进一步加强基层公共文化建设的意见》。

6月3日 市政府办公厅印发《关于进一步健全大气污染防治体制机制推动空气质量持续改善的意见》，要求全面提升防治能力，为建设国际一流的和谐宜居之都提供良好的空气质量保障与环境支撑。

6月11日 北京市民族工作会议召开。会议研究部署民族工作，宣读北京市受国务院表彰的民族团结进步模范集体和模范个人。会议强调，要以首善标准做好各项工作，努力使首都民族工作始终走在全国前列。

6 月 17 日　北京市、天津市、河北省三地旅游部门共聚国家体育场，对 200 个旅游投融资项目进行现场推介。同时，由市旅游委携手北京产权交易所和天津市、河北省旅游局共同打造覆盖京津冀区域的旅游投融资服务平台启动运营。

6 月 27 日　《2014 年度北京市卫生与人群健康状况报告》发布。数据显示，2014 年北京市户籍居民期望寿命为 81.81 岁，比 2013 年上升 0.3 岁，处于缓慢增长期。主要健康指标继续保持在全国前列。

7 月 7 日　纪念全民族抗战爆发 78 周年暨“伟大胜利　历史贡献”主题展览在中国人民抗日战争纪念馆开幕。党和国家领导人习近平、李克强、张德江、俞正声、刘云山、王岐山、张高丽参观展览。

7 月 10 日—11 日　中共北京市委十一届七次全会召开。会议表决通过《中共北京市委北京市人民政府关于贯彻〈京津冀协同发展规划纲要〉的意见》。

7 月 10 日—12 日　北京网格化体系建设成果展在北京展览馆展出。2004 年，北京市在全国率先推出城市管理网格化模式。至成果展出时，全市 92% 以上的街道和社区均建立起网格化体系。

7 月 23 日　北京市召开落实“1+3”公共文化政策工作会议，提出全面推进北京公共文化标准化、均等化、社会化、数字化建设，同时启动首都公共文化服务示范区创建工作。

7 月 31 日　国际奥委会主席巴赫在国际奥委会第一百二十八次全会上宣布，北京联合张家口获得 2022 年第二十四届冬奥会举办权。北京成功申办冬奥会创造了同一座城市既举办夏奥会又举办冬奥会的历史。同日，首都各界举行庆祝北京申冬奥成功联欢活动。

8 月 22 日—30 日　2015 年北京国际田联世界田径锦标赛举行。国家主席习近平在国家体育场出席开幕式并宣布锦标赛开幕。来自

200 多个国家的 2000 多名运动员在 47 个项目上展开竞赛。这是继 2008 年北京奥运会后北京承办的最大型综合性运动会。

9 月 3 日 纪念中国人民抗日战争暨世界反法西斯战争胜利 70 周年大会在北京天安门广场隆重举行，习近平发表重要讲话并检阅受阅部队。

9 月 12 日—18 日 首届北京市农民体育健身运动展示周在房山区举办。展示周以“健康乐生活，时尚新农民”为主题，来自 13 个区县的 1900 余名农民运动员参加全部项目的展示。

9 月 18 日 中国人民抗日战争暨世界反法西斯战争胜利 70 周年纪念活动北京市服务保障工作总结表彰大会召开，表彰为纪念活动作出突出贡献的先进集体。

10 月 11 日—28 日 中关村创新创业季（2015）活动举行，共举办开、闭幕式，以及全球创业大会、创业马拉松、环球顶级赛事、创客嘉年华、全球风险投资峰会五大板块的 30 余场活动，吸引 32 个国家和地区的 451 家机构和 850 个创业项目，共 4 万人次参与创新创业季活动。

10 月 13 日 北京市第十四届人民代表大会常务委员会第二十一次会议通过《北京市建设工程质量条例》。该条例是北京市第一部建设工程质量管理的地方性法规，自 2016 年 1 月 1 日起施行。

10 月 26 日—29 日 中国共产党第十八届中央委员会第五次全体会议举行。全会听取和讨论习近平受中央政治局委托作的工作报告，审议并通过《中共中央关于制定国民经济和社会发展第十三个五年规划的建议》。会议决定：坚持计划生育的基本国策，完善人口发展战略，全面实施一对夫妇可生育两个孩子政策，积极开展应对人口老龄化行动。

11 月 16 日 2015（首届）信用中关村高峰论坛暨首届京津冀信

用体系合作共建研讨会在中关村国家自主创新示范区展示中心召开，签署《京津冀社会信用体系合作共建框架协议》。

11月17日 2014年—2015年度中国建设工程“鲁班奖”（国家优质工程）颁奖大会召开，北京雁栖湖国际会都（核心岛）会议中心和精品酒店工程、北京日出东方酒店等12个北京市项目获奖。

11月17日 市政府办公厅印发《关于全面落实粮食安全市长责任制的实施意见》。

11月23日—25日 2015世界机器人大会在北京国家会议中心举办，召开2015世界机器人论坛、2015世界机器人博览会和2015世界青少年机器人邀请赛。2016年起，世界机器人大会永久会址落户北京亦创国际会展中心。

11月24日—25日 中共北京市委十一届八次全会召开。会议深入学习贯彻党的十八届五中全会精神，审议通过《中共北京市委关于制定北京市国民经济和社会发展第十三个五年规划的建议》。

12月5日 市政府办公厅印发《〈中国制造2025〉北京行动纲要》。提出到2020年实现创新能力和质量效益“双提升”，带动京津冀地区数字化、网络化和智能化制造取得明显进展；到2025年，形成创新驱动、高端发展、集约高效、环境友好的产业发展新格局。

12月9日 发布《中共北京市委关于制定北京市国民经济和社会发展第十三个五年规划的建议》。提出紧紧抓住重大历史机遇，加快建设国际一流的和谐宜居之都；有序疏解非首都功能，着力优化提升首都核心功能；深入实施创新驱动发展战略，着力提高发展质量和效益；加快推进生态文明建设，着力提升生态环境质量；推动区域城乡协调发展，着力形成平衡发展格局；推动文化繁荣发展，着力建设全国文化中心；推进社会治理创新，着力保障和改善民生；全面深化改革开放，着力增强发展活力和创造力；加强和改善党的领导，为

“十三五”规划实施提供坚强保证。

12月15日 北京2022年冬奥会和冬残奥会组委会成立大会召开。会议强调要贯彻绿色办奥、共享办奥、开放办奥、廉洁办奥要求，高质量、高水平、高效率做好冬奥会和冬残奥会筹办工作。

12月25日—26日 中共北京市委十一届九次全会召开。会议强调，做好2016年和今后一个时期经济社会发展工作，必须保持经济在合理区间运行，注重提高发展质量和效益，更加积极地引导社会预期，奋力开拓发展新境界。

12月26日 北京市密云区、延庆区成立大会召开，宣读国务院关于密云、延庆撤县设区的批复。会议强调，密云、延庆要抓住机遇、乘势而上，努力提升发展的层次和水平，在京津冀协同发展中发挥示范作用，加快建设国际一流的生态文明示范区。

12月30日 北京市房山区人民政府与湖北省巴东县人民政府签订《对口支援综合帮扶框架协议》，正式建立结对关系，房山将对巴东移民小区建设进行重点帮扶，并在农业、旅游、矿产资源开发三个领域开展深入合作。

本年 截至年底，全市共有中共党员202.7万名，基层党委5401个、党总支4619个、党支部8.3万个。

本年 初步统计，全市地区生产总值2.3万亿元，比上年增长6.9%。固定资产投资7990.9亿元，比上年增长5.7%。社会消费品零售总额10338亿元，比上年增长7.3%。城镇登记失业率1.39%。城镇居民人均可支配收入52859元，农村居民人均可支配收入20569元，扣除物价因素，分别比上年增长7%和7.1%。一般公共预算收入4723.9亿元，比上年同口径增长12.3%。全年居民消费价格同比上涨1.8%。

二〇一六年

1月6日　市政府印发《关于进一步加快推进棚户区和城乡危房改造及配套基础设施建设工作的意见》，2015年—2017年改造包括城市危房、老旧小区在内的各类棚户区住房127万户、农村危房2600户，加大配套基础设施建设力度，使城市基础设施布局更加合理、运行更加安全、服务更加便捷，切实改善群众居住条件和生活环境。

1月14日　市政府发布《关于全面推进节水型社会建设的意见》，提出严格遵循“节水优先、空间均衡、系统治理、两手发力”的新时期治水方针，坚持向观念要水、向机制要水、向科技要水，建立健全政府调控、市场引导、公众参与相结合的节水机制，营造有利于节约用水的政策、制度和社会环境。

1月18日　印发《北京市食品药品安全三年行动计划（2016—2018年）》，北京市与天津市、河北省等省区市建立联动协作机制，共同打击跨区域食品药品违法犯罪行为。

1月24日　市委常委会召开扩大会议，传达习近平总书记在省部级主要领导干部学习贯彻党的十八届五中全会精神专题研讨班上的重要讲话精神。会议强调，要进一步深化对新发展理念的认识，以五大发展理念为指引，更好地贯彻总书记视察北京重要讲话精神，更好地贯彻《京津冀协同发展规划纲要》，努力让新发展理念在北京落地生根，变成普遍实践。

2月29日　市政府发布《关于加快冰雪运动发展的意见（2016—

2022年）》。提出紧抓重大历史机遇，进一步深化改革创新，广泛开展冰雪运动赛事和群众活动，积极扩大冰雪运动产品和服务供给，全面提升竞技冰雪运动水平，着力推动冰雪运动普及，实现“三亿人参与冰雪运动”的宏伟目标，助力北京2022年冬奥会成功举办。

2月 中共中央办公厅印发《关于在全体党员中开展“学党章党规、学系列讲话，做合格党员”学习教育方案》。2017年3月20日，中共中央办公厅印发《关于推进“两学一做”学习教育常态化制度化的意见》。

2月 《“十三五”时期京津冀国民经济和社会发展规划》印发实施。作为全国第一个跨省市的区域“十三五”规划，以创新、协调、绿色、开放、共享的发展理念为统领，探索形成引领经济发展新常态的体制机制和发展方式，并提出各个领域的具体发展目标。

3月16日 北京市与宁夏回族自治区在京签署《京宁2016—2020年医疗卫生精准帮扶与技术合作框架协议》。自2016年—2020年，每年安排项目经费1000万元，用于京宁两地医疗机构“一对一”帮扶对接、宁夏卫生行政骨干及学科带头人来京培训、组织北京专家义诊及交流交往活动等。

3月18日 习近平主持召开会议，专题听取北京冬奥会和冬残奥会筹办工作情况汇报并作重要讲话。习近平强调，要把筹办冬奥会、冬残奥会作为推动京津冀协同发展的重要抓手，下大气力推动体制创新、机制创新、管理创新和政策创新，推动交通、环境、产业等领域协同发展先行先试，重点突破，以点带面，为全面实施京津冀协同发展战略起到引领作用。同日，市委常委会召开会议，传达学习习近平关于冬奥会和冬残奥会筹办工作重要指示。3月25日，北京市召开冬奥会筹办工作动员大会，学习贯彻习近平重要讲话精神。

3月24日 中央政治局常委会会议听取关于北京城市副中心和

疏解北京非首都功能集中承载地有关情况的汇报，确定疏解北京非首都功能集中承载地新区规划选址并同意定名为“雄安新区”。

3 月 24 日 市十四届人大常委会召开第二十六次会议，表决通过关于修改《北京市人口与计划生育条例》决定等事项。

3 月 25 日 市政府办公厅印发《北京市“十三五”时期应急体系发展规划》《关于加强村级医疗卫生机构和乡村医生队伍建设的实施方案》。

3 月 25 日 北京市取消“生育服务证”，全面实行常住人口两孩以内生育登记制度，开展网上登记服务。

3 月 28 日 发布《北京市国民经济和社会发展第十三个五年规划纲要》，提出要坚持首都城市战略定位，优化提升首都核心功能，建设国际一流的和谐宜居之都。

4 月 13 日 市委常委会召开会议，传达学习贯彻习近平关于开展“学党章党规、学系列讲话，做合格党员”学习教育的重要指示精神，贯彻落实“两学一做”学习教育工作座谈会精神，研究北京市开展“两学一做”学习教育实施方案，决定成立市委“两学一做”学习教育协调小组。4 月 21 日，召开“两学一做”学习教育工作会议，部署全市“两学一做”学习教育工作。

4 月 13 日 市委、市政府印发《关于实施全面两孩政策改革完善计划生育服务管理的意见》。

4 月 14 日 北京市农村工作会议召开，贯彻落实中央农村工作会议精神，研究部署本市“三农”领域重点工作。陈吉宁讲话。会议强调，习近平总书记高度重视“三农”工作，党的十八大以来提出一系列新理念新思想新战略，为做好“三农”工作提供了根本遵循。各区、各部门、各单位要切实把思想和行动统一到党中央决策部署和市委要求上来，进一步提高政治站位，在疫情防控常态化情况下统筹推进生产生活秩序全面恢复，突出抓好“三农”领域重点工作，确保如期高质量实现全面小康。

4月16日 市政府印发《关于进一步完善城乡义务教育经费保障机制实施方案》。

4月29日 市委、市政府印发《关于进一步推进低收入农户增收及低收入村发展的意见》，明确帮扶对象，认定全市低收入农户7.26万户15.6万人、低收入村234个。深入实施扶持产业帮扶一批、促进就业帮扶一批、山区搬迁帮扶一批、生态建设帮扶一批、社会保障兜底一批、社会力量帮扶一批的精准帮扶措施。到2020年，全市低收入农户家庭人均可支配收入达到17588元，全部超过11160元标准线，低收入农户全部“脱低”，234个低收入村全部清零，进入巩固拓展帮扶成果、同乡村振兴有效衔接阶段。

4月—11月 北京市开展182个乡镇领导班子换届工作。全市各区、乡镇人大选举共登记选民916.8万人，参选率达到96.3%。区、乡镇两级正式代表候选人中选民10人以上联名推荐的比例分别为87.5%和92.7%。选出区人大代表4371名、乡镇人大代表9943名。通过换届选举，加强了基层政权建设，增强了人民群众对中国特色社会主义制度的自信，为支持和保证人民通过人民代表大会行使国家权力奠定了基础。

5月8日 国务院办公厅印发《关于建设大众创业万众创新示范基地的实施意见》，海淀区被确定为区域示范基地，清华大学被确定为高校和科研院所示范基地。

5月9日 国务院召开全国推进简政放权、放管结合、优化服务改革电视电话会议。会后，市政府立即召开贯彻会议，部署深化“放管服”改革工作。

5月13日 《北京市进一步加快污水处理和再生水利用设施建

设三年行动方案（2016年7月—2019年6月）》发布。

5月23日 《北京市鼓励发展的高精尖产品目录（2016年版）》发布。

5月24日—25日 中共北京市委十一届十次全会召开。全会深入学习贯彻中央城市工作会议精神，研究做好新形势下的北京城市工作。会议审议并通过《中共北京市委北京市人民政府关于全面深化改革提升城市规划建设管理水平的意见》。

5月27日 习近平主持召开中央政治局会议，研究部署规划建设北京城市副中心和进一步推动京津冀协同发展有关工作。会议强调，要牢固树立并贯彻落实创新、协调、绿色、开放、共享的发展理念，坚持世界眼光、国际标准、中国特色、高点定位，以创造历史、追求艺术的精神进行北京城市副中心的规划设计建设，构建蓝绿交织、清新明亮、水城共融、多组团集约紧凑发展的生态城市布局，着力打造国际一流的和谐宜居之都示范区、新型城镇化示范区、京津冀区域协同发展示范区。

6月3日 《“十三五”时期加强全国文化中心建设规划》发布实施。“十三五”时期北京市首次将加强全国文化中心建设规划列为市级重点专项规划。该规划明确文化中心建设新的功能定位，强调建设“思想高地”的理念，突显历史文化名城的鲜明烙印，谋划文化中心建设新的发展格局，突出文化中心的服务保障功能，形成建设文化中心的合力。

6月8日 市委常委会召开会议，强调要深入贯彻习近平视察北京重要讲话，落实中央政治局会议关于规划建设北京城市副中心的重要精神，进一步提高对规划建设北京城市副中心重要意义和深刻内涵的认识。

6月17日 市委、市政府印发《关于全面深化改革提升城市规划建设管理水平的意见》。

6月27日 市政府印发《北京市“十三五”时期城乡一体化发展规划》，提出“十三五”时期实现高水平的城乡发展一体化和农业现代化，农村地区率先全面建成小康社会。

6月29日 北京市发布《关于进一步优化提升生产性服务业加快构建高精尖经济结构的意见》，通过政策、财税、金融等“一揽子”措施，支持生产性服务业继续成为拉动全市经济增长的主要力量。

7月1日 习近平在庆祝中国共产党成立95周年大会上指出，要永远保持建党时中国共产党人的奋斗精神，永远保持对人民的赤子之心。一切向前走，都不能忘记走过的路；走得再远，走到再光辉的未来，也不能忘记走过的过去，不能忘记为什么出发。面向未来，面对挑战，全党同志一定要不忘初心、继续前进。

7月1日 北京市发布《关于调整2016住房公积金年度缴存基数及月缴存额上限的通知》。北京公积金月缴存额上限调整为5102元，比2015年度提高448元。

7月5日 北京市“十三五”时期人力资源和社会保障规划公布。“十三五”时期，逐步落实“小步慢走”的渐进式延迟退休政策，各类参保人员养老待遇将建立正常调整机制，医保政策向大病和困难人群适度倾斜。

7月13日 市政府发布《关于进一步做好为农民工服务工作的实施意见》，提出要切实保障农民工随迁子女平等接受义务教育的权利，对接收农民工随迁子女的民办义务教育学校给予适当补助，在义务教育阶段实行农民工随迁子女与北京市户籍学生混合编班。

7月19日 《关于加强北京市康复医疗服务体系建设的指导意见》印发。

7月20日 习近平在银川主持召开东西部扶贫协作座谈会，强调进一步做好东西部扶贫协作和对口支援工作，必须采取系统的政策和措施。要提高认识，加强领导，完善结对，深化帮扶，明确重点，精准聚焦，加强考核，确保成效。

7月20日　北京农村地区“煤改清洁能源”和“减煤换煤”工作全面展开。全年共完成8488蒸吨燃煤锅炉清洁能源改造，663个村实现“煤改清洁能源”，全市燃煤总量压减到1000万吨以内。

7月21日　市委常委会召开会议，传达学习贯彻习近平总书记在东西部扶贫协作座谈会上的重要讲话精神。

7月23日　北京市委办公厅、市政府办公厅印发《关于助力东西部扶贫协作地区和对口支援地区打赢脱贫攻坚战的意见》。

7月26日　北京市启动“七五”普法工作。以深入学习宣传党内法规、推进法治教育与道德教育相结合、创新媒体公益普法、助推京津冀协调发展等作为首都法治宣传教育工作的新重点。

7月　国务院批复同意《京津冀系统推进全面创新改革试验方案》，指出围绕促进京津冀协同发展，以促进创新资源合理配置、开放共享、高效利用为主线，以深化科技体制改革为动力，充分发挥北京全国科技创新中心的辐射带动作用，进一步促进京津冀三地创新链、产业链、资金链、政策链深度融合，推动形成京津冀协同创新共同体。

7月　北京市代表团赴西藏自治区学习考察，考察援建项目，看望援藏干部。

8月11日　《北京市积分落户管理办法（试行）》发布，规定合法稳定就业、合法稳定住所、教育背景、职住区域、创新创业、纳税、年龄、荣誉表彰、守法记录等九大指标构成北京市积分落户体系。

8月16日　北京市《“十三五”时期职工发展规划》发布，首次将白领职工群体纳入重点关注对象，从工作环境、生活习惯和心理健康等方面维护他们的职业健康，预防过劳与亚健康等职业病。这是全国首个围绕职工全面发展的省级专项规划。

8月19日—20日 全国卫生与健康大会召开。习近平出席会议并强调，要坚定不移贯彻预防为主方针，坚持防治结合、联防联控、群防群控，努力为人民群众提供全生命周期的卫生与健康服务，要加快把医药卫生体制改革任务落到实处，要积极参与健康相关领域国际标准、规范等的研究和谈判，完善我国参与国际重特大突发公共卫生事件应对的紧急援外工作机制，加强同“一带一路”建设沿线国家卫生与健康领域的合作。8月23日，北京市召开副市级以上党员领导干部会议，传达学习全国卫生与健康大会精神。

8月29日 《中关村国家自主创新示范区京津冀协同创新共同体建设行动计划（2016—2018年）》印发。

8月31日 北京市发布“十三五”时期民政事业发展规划。“十三五”期间，北京市继续加大对低收入人群的扶助，帮扶对象有重点地针对因病致贫近贫家庭。

9月2日 《北京市“十三五”时期重大基础设施发展规划》发布。明确“十三五”时期北京基础设施建设十大任务，包括高标准建设公交都市、建成新机场工程及配套交通网、发展绿色低碳能源、高水平建设城市副中心等。

9月4日 北京市智慧小区示范工程建设启动。

9月6日 国家发展改革委等六部委印发《京津两市对口帮扶河北省张承环京津相关地区工作方案》，明确北京市对口帮扶张家口市张北县、康保县、沽源县、尚义县、涿鹿县、赤城县、崇礼区、怀来县和承德市滦平县、丰宁满族自治县（共10个县区）。帮扶期限暂定至2020年。

9月7日 《北京市人民政府、内蒙古自治区人民政府关于进一步加强京蒙对口帮扶和全面合作的框架协议》签署。“十三五”时期，北京市继续加大财政资金投入力度；继续坚持集中力量对口帮扶赤峰市和乌兰察布市，紧紧围绕产业、教育、医疗、文化、就业等领域，共同实施一批帮扶项目，助推两市贫困人口如期全面脱贫。

9月11日 国务院印发《北京加强全国科技创新中心建设总体方案》，从国家层面明确北京加强全国科技创新中心建设的总体思路、发展目标、重点任务和保障措施，提出全国科技创新中心建设战略目标。9月22日，《北京市“十三五”时期加强全国科技创新中心建设规划》印发，提出到2020年，北京全国科技创新中心的核心功能进一步强化，成为具有全球影响力的科技创新中心，支撑我国进入创新型国家行列。

9月12日—19日 北京展览馆举办“2016年北京对口支援地区特色产品展销会”。

9月19日 《北京市人民政府关于进一步推进户籍制度改革的实施意见》公布，取消农业户口和非农业户口性质区分，统一登记为居民户口。

9月28日 《北京市人民政府、天津市人民政府加快建设天津滨海—中关村科技园合作协议》签署，按照“创新引领、市场主导、政府推动、互利共赢”的原则，建设高端创新要素聚集、产业特色鲜明、可持续发展的国际一流科技研发和成果转化园区。

9月30日 市政府办公厅转发《关于促进本市房地产市场平稳健康发展的若干措施》，提出加大住宅用地供应力度，合理调整土地供应结构，加快自住型商品住房用地供应，强化“控地价、限房价”的交易方式，进一步完善差别化住房信贷政策，加强对房地产开发企业及其销售行为的管理，加强对房地产经纪机构及其经纪活动的管理，严肃查处房地产市场违法违规行为等房地产市场调控措施。

10月1日 《北京市实施〈居住证暂行条例〉办法》施行，正式实施居住证制度。

10月1日　京津冀三地132家医疗机构试点互认27项临床检验结果，北京有69家医疗机构入选。

10月10日　国际奥委会北京2022年冬奥会协调委员会在北京召开第一次会议，听取北京冬奥组委关于组织结构、可持续发展与遗产、国际单项体育联合会合作、冬季运动发展、市场开发、宣传和参与、场馆和基础设施等议题的陈述。会议强调，要认真落实创新、协调、绿色、开放、共享的发展理念，坚持绿色办奥、共享办奥、开放办奥、廉洁办奥，把北京冬奥会、冬残奥会办成一届精彩、非凡、卓越的奥运盛会。

10月24日—28日　党的十八届六中全会在北京召开。全会听取和讨论习近平受中央政治局委托所作工作报告，通过《关于新形势下党内政治生活的若干准则》和《中国共产党党内监督条例》，通过《关于召开党的第十九次全国代表大会的决议》。全会决定，中国共产党第十九次全国代表大会于2017年下半年在北京召开。会议号召，全党同志要紧密团结在以习近平同志为核心的党中央周围，牢固树立“四个意识”，坚定不移维护党中央权威和党中央集中统一领导，继续推进全面从严治党，共同营造风清气正的政治生态，确保党团结带领人民不断开创中国特色社会主义事业新局面。11月13日—14日，中共北京市委十一届十一次全会召开，深入学习贯彻党的十八届六中全会精神。

10月27日　中办、国办印发《关于进一步加强东西部扶贫协作工作的指导意见》，明确提出，东西部扶贫协作和对口支援是打赢脱贫攻坚战、实现先富帮后富、最终实现共同富裕目标的大举措。该意见对原有结对关系进行适当调整，在完善省际结对关系的同时，实现对民族自治州和西部贫困程度深的市州全覆盖。调整后的东西部扶贫协作结对关系为：北京市帮扶内蒙古自治区、河北省张家口市和保定市；北京市、天津市与河北省扶贫协作工作，要与京津冀协同发展中京津两市对口帮扶张承环京津相关地区做好衔接。据此，北京帮扶河北增加保定市6个国家贫困县，共结对帮扶张承保三市16个县。

10月　《北京市“十三五”时期少数民族事业发展规划》发布。

11月1日　《国务院关于深入推进实施新一轮东北振兴战略加快推动东北地区经济企稳向好若干重要举措的意见》印发，对实施新一轮振兴东北战略作出全面部署，其中明确东北地区三省四市和东部地区三省四市开展对口合作工作，北京市对口沈阳市。

11月4日　北京市主要领导在京会见青海省党政代表团，并召开北京市·青海省工作交流座谈会。

11月17日　北京市、河北省人民政府召开联席会议，共同研究统筹推进对口帮扶工作。

11月23日　市委、市政府将京津冀协同发展任务和东西部扶贫协作任务统筹考虑、统一开展工作，印发《北京市对口帮扶河北省相关贫困地区工作实施方案》。

11月28日　京津冀地区城际铁路网规划修编方案获国家发展和改革委批复。

12月1日　北京集中推出6项医保利好政策，包括扩大基层医保用药范围，4类慢性病患者可开具长处方，家庭病床报销起付线降低50%，上门医疗服务纳入医保，社区就医个人负担减轻，转院不受个人选择的定点医疗机构的限制，等。

12月10日—11日　《全面深化京冀对口帮扶合作框架协议》签署，北京市安排帮扶资金，全市13个区与河北省张家口、承德、保定3市16个县（区）结对，重点从基本公共服务、产业经贸合作、生态环保、劳务协作、干部人才培养交流五大方面进行帮扶。

12月23日—24日 市委十一届十二次全会召开。会议深入学习中央经济工作会议精神，研究部署2017年任务。会议强调，要坚持稳中求进工作总基调，牢固树立和贯彻落实新发展理念，适应把握引领经济发展新常态，坚持以提高质量和效益为中心，坚持以推进供给侧结构性改革为主线，加快疏功能、转方式、治环境、补短板、促协同，全面做好稳增长、促改革、调结构、惠民生、防风险各项工作，促进首都经济平稳健康发展和社会和谐稳定，以优异成绩迎接党的十九大召开。

12月28日 市政府印发《北京市“十三五”时期环境保护与生态建设规划》。

12月 中共中央办公厅、国务院办公厅印发《关于进一步加强东西部扶贫协作工作的指导意见》，明确提出，东西部扶贫协作和对口支援是打赢脱贫攻坚战、实现先富帮后富、最终实现共同富裕目标的大举措。该意见对原有结对关系进行适当调整，在完善省际结对关系的同时，实现对民族自治州和西部贫困程度深的市州全覆盖。结对关系调整后，北京市负责帮扶内蒙古自治区、河北省张家口市和保定市。

本年 截至年底，全市共有中共党员205.3万名，基层党委5578个、党总支4603个、党支部8.9万个。

本年 全年地区生产总值24899.3亿元，按可比价格计算，比上年增长6.7%。三次产业构成由上年的0.6：19.7：79.7调整为0.5：19.2：80.3。年末全市常住人口2172.9万。全市居民人均可支配收入达到52530元，比上年增长8.4%，扣除价格因素后实际增长6.9%。

二〇一七年

1月1日 京津冀三地102家医疗机构的医学影像检查资料实现共享。

1月14日—20日 北京市第十四届人民代表大会第五次会议召开。会议表决通过《北京健身条例》、关于北京市人民政府工作报告的决议、关于2016年国民经济和社会发展计划执行情况与2017年国民经济和社会发展计划的决议、关于北京市2016年预算执行情况和2017年预算的决议等。会议补选蔡奇为北京市市长。

1月22日 市政府常务会议审议并通过《关于进一步加快水环境治理聚焦攻坚实施方案》，明确提出北京市水环境治理目标。2017年底，城6区和城市副中心建成区基本实现污水处理设施全覆盖，污水全收集、全处理，国家和市级监测断面水质达到考核要求，全面消除全市黑臭水体。

1月23日 习近平在河北省张家口市考察北京冬奥会筹办工作，强调要着眼于办成一届精彩、非凡、卓越的奥运盛会，科学合理制定规划，节约、集约利用资源，按进度高质量完成筹办工作各项任务。

1月25日 《北京市"十三五"时期现代产业发展和重点功能区建设规划》印发。

1月 北京市启动"疏解整治促提升"专项行动（2017—2020年）。到2020年底，基本完成一般制造业企业集中退出、区域性批发市场大规模疏解任务，完成3500条背街小巷环境整治。

1月　北京市调整社会救助相关标准，城乡低保标准调整为家庭月人均900元，城乡低收入家庭认定标准调整为家庭月人均1410元。

1月　北京市选派51名党政干部到河北省、市、县挂职。

2月17日　发布《京津冀教育协同发展“十三五”专项工作计划》。“十三五”期间，北京市实施“一十百千万”工程，重点在基础教育、职业教育教学管理，以及师资队伍建设等相关领域对河北省张家口、承德、保定3市及21个贫困县进行对口帮扶。

2月23日—24日　习近平在北京市考察城市规划建设和北京冬奥会筹办工作。强调要深入思考“建设一个什么样的首都，怎样建设首都”这个问题，把握好战略定位、空间格局、要素配置，坚持城乡统筹，落实“多规合一”，形成一本规划、一张蓝图，着力提升首都核心功能，做到服务保障能力同城市战略定位相适应，人口资源环境同城市战略定位相协调，城市布局同城市战略定位相一致，不断朝着建设国际一流的和谐宜居之都的目标前进。要以北京市民最关心的问题为导向，以解决人口过多、交通拥堵、房价高涨、大气污染等问题为突破口，提出解决问题的综合方略。绿色、共享、开放、廉洁的办奥理念要贯穿筹办工作全过程。

3月16日—17日　中共北京市委十一届十三次全会召开，学习习近平总书记视察北京重要讲话精神。会议强调，要坚持以习近平总书记视察北京重要讲话精神为根本遵循，以贯彻落实的行动和成效体现政治意识、大局意识、核心意识、看齐意识，加快建设国际一流的和谐宜居之都。

3月17日　北京市开启新一轮房地产市场调控，提出“认房又认贷”、切实增加商品住房有效供应、完善商品住房销售和差别化信贷政策等措施，着力稳定房地产市场。

3月20日　南水北调工程亦庄调节池扩容、河西支线、大兴支线三大工程破土动工，标志着南水北调京内配套工程第三阶段建设任务全面启动。工程于 2018 年—2020 年陆续建成投用，提高了北京城市副中心、新机场及房山、大兴、门头沟等新城的供水保障能力。

3 月 23 日　《京津冀人大立法项目协同办法》开始施行。

4 月 1 日　《中共中央、国务院关于设立河北雄安新区的通知》发布。4 月 6 日，京津冀协同发展工作推进会议在北京召开，学习贯彻习近平总书记关于京津冀协同发展的重要讲话和指示精神，传达《中共中央、国务院关于设立河北雄安新区的通知》。会议要求，要继续推进交通、生态、产业 3 个重点领域率先突破，推动实施一批重大工程项目，着力推进体制机制改革创新，大力推进基本公共服务共建共享。

4 月 1 日　《永定河综合治理与生态修复总体方案》正式实施。集中利用 5 ～ 10 年时间，逐步恢复永定河生态系统，将永定河打造为贯穿京津冀晋的绿色生态廊道。

4 月 6 日　2017 年北京市“煤改电”配网工程全面开工。全年共完成 901 个村煤改清洁能源和 1.3 万蒸吨燃煤锅炉改造任务，分别是计划任务的 1.3 倍和 3.3 倍，基本实现城 6 区和南部平原地区“无煤化”，燃煤总量由 848 万吨压减到 600 万吨以内。

4 月 8 日　北京市医药分开综合改革在全市 3600 多家医疗机构同步启动。根据医改新政，全市有 7000 多种药品在阳光采购平台统一采购，435 项医疗服务项目实行新的收费标准。以医事服务费取代以往的挂号费，补偿医疗机构部分运行成本，体现医务人员的劳动价值，推动分级诊疗。

4 月 18 日　北京市与沈阳市对口合作座谈会在北京举行。北京市和辽宁省有关部门主要负责同志参加座谈会。

4 月 25 日　北京市发布促进社会办医健康发展若干政策，对于符合支持方向的社会办医，将在准入、财政投入、医师多点执业、用地等方面实行差异化支持政策。

4月27日 北京市召开2017年农村工作电视电话会议，研究部署本市“三农”领域重点工作。会议主题是“坚持疏解整治促提升，扎实推动城乡一体化发展”，会议对全市农村工作进行总结，并宣读2015年—2016年度北京市社会主义新农村建设先进集体、个人表彰名单。郭金龙出席会议并作重要讲话，蔡奇主持会议。

4月29日 北京市发布《关于推进“两学一做”学习教育常态化制度化的实施方案》，明确总体要求、主要任务和组织保障。要求各级党委（党组）认真履行主体责任，把组织开展“两学一做”学习教育情况作为各级党组织书记抓基层党建述职考核的重要内容，每年进行检查评估，一级抓一级，层层抓落实。5月4日，北京市推进“两学一做”学习教育常态化、制度化工作会议召开，传达学习贯彻习近平总书记对推进“两学一做”学习教育常态化、制度化的重要指示精神，对全市学习教育常态化、制度化进行安排部署。

5月14日—15日 “一带一路”首届国际合作高峰论坛在北京举办。

5月17日 中共北京市委十一届十四次全会召开。全会深入学习贯彻习近平总书记视察北京重要讲话精神，研究讨论《北京城市总体规划（2016年—2030年）（送审稿）》，一致同意按程序上报中共中央、国务院审定。

5月28日—6月1日 2017年北京国际服务贸易交易会举行。交易会聚焦科学技术、互联网和信息、教育、科技金融、商务和旅游、健康医疗六大重点领域，设置技术贸易、电子商务、文化贸易、金融服务、中医药服务等30个专题板块，举办5万平方米展览展示和85场论坛会议及洽谈交易活动，来自96个国家和地区7.2万人次的客商参展参会，共达成 241 个合作项目，意向签约额 721.8 亿美元。

5 月 首都核心区背街小巷环境整治提升 3 年（2017 年—2019 年）行动启动。到 2019 年底，全市共有 3123 条背街小巷环境面貌得到整体提升，群众身边环境明显改善，涌现出一批具有首都风范、古都风韵、时代风貌的文明街巷，市民获得感、幸福感、安全感明显增强。

6 月 8 日 市对口支援和经济合作工作领导小组召开会议，研究部署 2017 年工作。会议听取西藏自治区拉萨、新疆维吾尔自治区和田、青海省玉树 3 个前方指挥部关于 2016 年工作及 2017 年项目计划安排的汇报，审议通过《京冀对口帮扶和扶贫协作规划》《北京市对口帮扶河北省相关贫困地区项目资金管理暂行办法》《北京市关于进一步动员社会力量助力受援地区打赢脱贫攻坚战的意见》。会议强调，要聚焦小康、聚力脱贫，助力受援地区顺利完成脱贫攻坚任务。

6 月 19 日—23 日 中国共产党北京市第十二次代表大会召开。大会通过《更加紧密团结在以习近平同志为核心的党中央周围为建设国际一流的和谐宜居之都而努力奋斗》的报告。大会强调，要始终牢记肩负的重大政治责任，准确把握首都发展所处的历史方位，努力把北京建设成为拥有优质政务保障能力和国际交往环境的大国首都，弘扬中华文明与引领时代潮流的文化名城，全球创新网络的中坚力量和引领世界创新的新引擎，人民幸福、社会和谐的首善之区，天蓝水清、森林环绕的生态城市，世界超大城市可持续发展的典范。要抓住用好京津冀协同发展等重大历史机遇，更加突出首都发展，更加突出减量集约，更加突出创新驱动，更加突出改善民生。中共北京市委十二届一次全会选举蔡奇为市委书记。

6 月 25 日 国务院再次批复《深化改革推进北京市服务业扩大开放综合试点工作方案》，标志着试点工作进入打造升级版的全新阶段。8 月 16 日，北京市召开深化服务业扩大开放综合试点工作动员部署大会，强调要积极主动谋划推动服务业扩大开放综合试点工作，加大营商环境改革力度，为我国参与更高水平的国际竞争探索有益经验，为建设国际一流的和谐宜居之都贡献力量。

6月27日 习近平主持中央政治局常委会会议，专题听取北京城市总体规划编制工作的汇报，并发表重要讲话。7月17日—18日，中共北京市委十二届二次全会传达学习贯彻习近平在中央政治局常委会会议审议北京城市总体规划时的重要讲话精神。会议强调，要进一步形成共识，牢牢把握好“都”与“城”、“舍”与“得”、疏解与提升、“一核”与“两翼”的关系，加强“四个中心”功能建设，提高“四个服务”能力与水平，努力使北京的建设发展更加符合党和人民的新要求。

7月1日 京津冀海关区域通关一体化改革在北京海关、天津海关启动实施，这是全国范围内首次试行通关一体化。

7月10日 北京市推进京津冀协同发展领导小组召开第一次会议，听取京津冀协同发展总体情况及下一步工作安排的汇报，听取推进京津冀产业疏解和协同发展、交通一体化、生态环保工作汇报，审议《关于进一步健全京津冀协同发展产业疏解配套政策的意见》《关于加强京津冀产业转移承接重点平台建设的意见》等政策文件。会议确立三大任务：积极支持雄安新区建设；积极推进新机场临空经济区规划建设；深入推进曹妃甸协同发展示范区建设。

7月18日 集社会优待、医疗报销、市政交通、金融借记等功能于一体的“北京通——民政一卡通”发放，该卡的医疗报销功能2017年底在全市范围内实现电子结算。

7月19日 《北京市“十三五”时期能源发展规划》印发。

7月19日 《北京市进一步全面推进河长制工作方案》印发，进一步明确河长的工作内容，首次明确河道治理“党政同责”。8月，全市“河长制”工作全面启动，通过“河长制”进行源头治理、系统治理、综合治理，推进网格化、精细化、专业化管理，以水清、岸绿、安全、宜人为目标推动首都水环境持续改善。2017年底，市、区、乡镇（街道）、村4级河长体系全面建立。

7月 《京津冀人才一体化发展规划（2017—2030年）》发布。

8月17日 《北京市人民政府、河北省人民政府关于共同推进河北雄安新区规划建设战略合作协议》签署。

8月17日 北京市党政代表团在河北省保定市、雄安新区调研考察，召开北京市·河北省工作交流座谈会，专题研究部署对口帮扶工作。《北京市人民政府、河北省人民政府关于共同推进河北雄安新区规划建设战略合作协议》签署。

8月 北京市与天津市、河北省共同研究制定《关于加强京津冀产业转移承接重点平台建设意见》，明确河北雄安新区承接中央在京部分行政事业单位、总部企业、金融机构、高等院校、科研院所等，北京城市副中心承接行政办公、高端商务、文化旅游等产业；细化曹妃甸协同发展示范区、新机场临空经济区、张承生态功能区、滨海新区4个战略合作功能区产业承接和发展方向；确定一批协同创新平台和专业化承接平台，构建“2+4+N”承接平台体系。

9月7日 《“健康北京2030”规划纲要》印发，要求全面推进健康北京建设，进一步提高人民群众的健康水平，建设健康中国首善之区。

9月11日 北京市召开对口支援工作表彰大会，表彰对口支援工作先进个人和集体。授予王民等100名同志“北京市对口支援工作先进个人”；授予西藏拉萨指挥部办公室（党委办公室）等6个单位“北京市对口支援工作先进集体”；授予北京凯达恒业农业技术开发有限公司等9个单位“北京市对口支援工作社会贡献奖”；授予北京市经济信息化委对口援建和区域合作办公室等30个单位“北京市对口支援工作组织奖”。

9月13日　《北京城市总体规划（2016年—2035年）》获中共中央、国务院正式批复。该规划明确提出，北京的一切工作必须坚持全国政治中心、文化中心、国际交往中心、科技创新中心的城市战略定位，履行为中央党、政、军领导机关工作服务，为国家国际交往服务，为科技和教育发展服务，为改善人民群众生活服务的基本职责。该规划显示，着眼打造以首都为核心的世界级城市群，完善城市体系，在北京市范围内形成“一核一主一副、两轴多点一区”的城市空间结构，着力改变单中心集聚的发展模式，构建北京新的城市发展格局。9月27日，市委常委会召开会议，传达学习批复精神，研究城市总体规划实施工作方案（2017年—2020年）。9月28日，市委、市政府召开北京城市总体规划实施动员和部署大会，全面部署总体规划实施工作。

9月30日　《北京市共有产权住房管理暂行办法》实施，通过产权共有的方式，科学确定个人与政府利益分配机制，实行封闭管理、内部流转，打消投资投机空间，回归住房居住属性。

10月11日　《北京市“十三五”时期支援帮扶协作和区域合作规划》发布。

10月14日　《北京市“十三五”时期社会基本公共服务发展规划》印发。“十三五”时期，首都社会基本公共服务均等化程度进一步提高，社会基本公共服务制度更加规范完善，服务供给能力和效率进一步提升，供给方式更加多元。

10月18日—24日　中国共产党第十九次全国代表大会举行。大会通过的报告《决胜全面建成小康社会，夺取新时代中国特色社会主义伟大胜利》，作出中国特色社会主义进入新时代、我国社会主要矛盾已经转化为人民日益增长的美好生活需要和不平衡不充分的发展之间的矛盾等重大政治论断，确立习近平新时代中国特色社会主义思想的历史地位，提出新时代坚持和发展中国特色社会主义的基本方略，确定决胜全面建成小康社会、开启全面建设社会主义现代化国家新征程的目标。大会通过《中国共产党章程（修正案）》，把习近平新时代中国特色社会主义思想同马克思列宁主义、毛泽东思想、邓小平理论、“三个代表”重要思想、科学发展观一道确立为党的指导思想并载入党章。25日召开的十九届一中全会选举产生新一届中央政治局，选举习近平、李克强、栗战书、汪洋、王沪宁、赵乐际、韩正为中央政治局常委，习近平为中央委员会总书记；决定习近平为中央军事委员会主席；通过中央书记处成员；批准中央纪律检查委员会书记、副书记和常委人选，赵乐际为书记。

11月6日—7日　市委十二届三次全会召开，全面学习宣传贯彻党的十九大精神。全会强调，要全面学习宣传贯彻决胜全面建成小康社会的重大部署，不断提高首都现代化建设水平。要全面学习宣传贯彻全面深化改革的重要举措，为首都发展注入强大动力。要全面学习宣传贯彻以人民为中心的发展思想，切实保障和改善民生。全会号召，坚决将习近平新时代中国特色社会主义思想贯彻落实到首都现代化建设全过程、党的建设各方面、改革发展稳定各环节。

11月21日　市委召开动员大会，深入学习宣传贯彻党的十九大精神，全面落实乡村振兴战略，部署美丽乡村建设各项任务。会议强调，要坚持问题导向，以新版北京城市总规为依据编制好规划，遵循乡村发展规律，突显村庄秩序与山水格局、自然环境的融合协调。全面开展农村人居环境综合整治，狠抓“清脏、治乱、增绿”。健全自治、法治、德治相结合的乡村治理体系，提升乡村治理水平。

12月14日—17日　在中国国际展览中心举办“2017年北京市

支援合作地区特色产品展销会”。

12月15日 2022年北京冬奥会会徽“冬梦”和冬残奥会会徽“飞跃”发布。

12月22日—23日 市委十二届四次全会召开。全会学习贯彻党的十九大和中央经济工作会议精神，研究部署2018年任务。全会强调，2018年要重点抓好9个方面工作：坚决打赢防范化解重大风险、精准脱贫、污染防治“三大攻坚战”；全面落实城市总体规划；持续推进疏解整治促提升专项行动；切实推动京津冀协同发展；推动首都经济实现高质量发展；着力深化改革开放；努力提高保障和改善民生水平；全力维护首都安全稳定；高水平筹办北京冬奥会和冬残奥会。

12月30日 北京市公共交通基本实现与京津冀区域内接入省级平台城市的互联互通。凡持有标有“交通联合”标识的京津冀互通卡均可在北京地面公交（除定制商务公交）、轨道交通线路及京津冀区域内接入省级平台城市的指定线路刷卡乘车。

本年 截至年底，全市共有中共党员209.5万名，党的基层组织98729个，其中基层党委5625个、党总支4647个、党支部88457个。

本年 全年地区生产总值28000.4亿元，按可比价格计算，比上年增长6.7%。三次产业构成为0.4∶19.0∶80.6。年末全市常住人口2170.7万人，比上年末减少2.2万人。全年全市居民人均可支配收入为57230元，比上年增长8.9%，扣除价格因素后实际增长6.9%。

二〇一八年

1月1日　即日起，北京市破除城乡户籍差异，实现了全体城乡居民的持卡就医、实时结算。

1月2日　京津冀协同发展工作推进会议在北京召开。会议深入学习贯彻党的十九大精神和中央经济工作会议精神，贯彻落实习近平总书记重要指示精神，总结近年京津冀协同发展工作，讨论和审议河北雄安新区规划框架等有关文件，研究部署下一步重点工作。京津冀三地紧紧围绕《京津冀协同发展规划纲要》，协同发展取得积极成效。

1月4日　市委常委会召开扩大会议，传达学习中央农村工作会议精神，强调要坚持以习近平新时代中国特色社会主义思想为引领，深刻把握北京“大城市小农村”“大京郊小城区”特点，把实施乡村振兴战略作为新时代“三农”工作总抓手，作为建设国际一流的和谐宜居之都重要内容，扎实做好乡村改革、发展、建设、治理文章。

1月8日　2017年度国家科学技术奖励大会在北京召开，北京共有78个项目获国家科学技术奖，其中，特等奖1项，一等奖5项，二等奖72项，占全国自用项目获奖总数的36.1%，与上年相比上升13.9%，创历史新高。

1月10日　按照国家东西部扶贫协作考核要求，市委常委会原则同意北京市东西部扶贫协作新增区县结对关系，北京市结对帮扶任务增加张家口市和保定市7个县，共帮扶张承保三市23个县；增加内蒙古自治区11个国家级贫困旗县，共帮扶内蒙古自治区31个国家级贫困旗县。

1月18日 市政府发布实施《北京市支持建设世界一流新型研发机构实施办法（试行）》。年内，北京脑科学与类脑研究中心、北京智源人工智能研究院等新型研发机构相继成立。

1月19日 经党中央批准，北京市习近平新时代中国特色社会主义思想研究中心揭牌成立。

1月19日 北京市基层社会治理规范化建设推进大会暨2018年社会建设工作会召开。截至2017年底，“一刻钟社区服务圈”累计建成1452个，覆盖率达到87.5%。

1月20日 市委常委会召开扩大会议，传达学习党的十九届二中全会精神。会议强调，宪法的生命力在于实施，宪法的权威也在于实施。要深入开展尊崇宪法、学习宪法、遵守宪法、维护宪法、运用宪法的宣传教育活动，大力弘扬宪法精神，大力弘扬社会主义法治精神，不断增强人民群众的宪法意识。要切实抓好宪法实施工作，坚持科学立法、严格执法、公正司法、全民守法，深入推进法治中国首善之区建设，在法治轨道上做好首都改革发展稳定各项工作。

1月20日 首家智慧养老示范驿站——顺义石园北区利都智慧养老服务驿站揭牌投用。

1月23日 北京市召开第六次妇女儿童工作会议。会议听取市妇儿工委5年工作报告，表彰妇女儿童工作先进集体和个人。

1月23日 《关于深化投融资体制改革的实施意见》发布。

1月 北京市调整社会救助相关标准，城乡低保标准调整为家庭月人均1000元。

2月5日 全市科学技术奖励大会暨2018年全国科技创新中心建设工作会议召开。蔡奇、陈吉宁为科技工作者颁奖。共有195项成果荣获2017年度北京市科学技术奖，其中一等奖22项、二等奖51项、三等奖 122 项。

2 月 5 日　市委、市政府 2018 年全国科技创新中心建设工作会公布，北京综合科技创新水平位列全国首位。

2 月 8 日　市人大常委会审议通过市政府关于《北京市 2018 年重要民生实事项目》安排情况的报告，共计 31 件重要民生实事。

2 月 23 日　市委、市政府召开深入推进疏解整治促提升促进首都生态文明与城乡环境建设动员大会。市长与区长代表签订责任书。市领导分别部署疏解整治促提升专项行动、环境整治和垃圾处理、水环境治理和绿化、大气污染和交通拥堵治理工作。

3 月 1 日　北京市援助雄安新区办学项目启动仪式在雄安新区容城小学举行，标志着北京市教育援助雄安首个项目启动实施。北京市朝阳区实验小学雄安校区、北京市第八十中学雄安校区、北京市六一幼儿园雄安园区、北京市海淀区中关村第三小学雄安校区正式挂牌成立。

3 月 5 日—20 日　十三届全国人大一次会议举行。会议选举习近平为国家主席、中央军委主席。

3 月 9 日　《关于加强传统村落保护发展的指导意见》出台，44 个村镇入选第一批市级传统村落，统一设置保护标志。

3 月 15 日　《北京市蓝天保卫战 2018 年行动计划》印发，2018 年的目标是 PM2.5 年均浓度力争继续下降。年末，根据统计数据，这一目标已经完成。

3 月 17 日　《国家发展改革委关于印发北京市与沈阳市对口合作实施方案的通知》印发，提出两市要建立对口合作工作机制，促进两市在对口合作中相互借鉴、优势互补、互利共赢、共谋发展。

3 月 23 日　《北京市耕地河湖休养生息规划（2018—2035 年）》印发。该规划给北京市境内潮白河、北运河、永定河、大清河和蓟运河五大水系开出不同“治病良方”。根据规划，全市重要的江河湖泊水功能区将在2035年实现95%以上的水质达标率。

3月28日 首都精神文明建设工作大会召开。会议强调要切实增强责任担当和行动自觉，围绕建设国际一流和谐宜居之都目标，更好发挥全国文化中心示范引领作用，坚持首善标准，坚持问题导向，突出文明创建、文化惠民、改革创新，努力使北京成为城市文明形象、社会道德风尚、市民文明素质的首善之区。

3月28日 2018年北京农村工作会议召开，主题是实施乡村振兴战略。

3月29日—30日 市十五届人大常委会召开第三次会议，表决通过《北京市机动车停车条例》《北京市人民代表大会常务委员会关于修改〈北京市大气污染防治条例〉等七部地方性法规的决定》。

3月30日 中央政治局召开会议，听取2017年省级党委和政府脱贫攻坚工作成效考核情况汇报。习近平总书记对打好脱贫攻坚战作出重要指示。市委常委会立即召开会议，传达学习中央政治局会议精神，要求以更大决心、更精准举措抓好扶贫协作工作。会议强调，打好精准脱贫攻坚战是党的十九大报告中提出的“三大攻坚战”之一，是一场必须打赢打好的硬仗，是我们党向全国人民作出的庄严承诺。北京作为首都，要带头扛起整改主体责任，完成好中央交办的重大政治任务，助力受援地区如期脱贫。

4月1日 市编办宣布，北京市第三批取消50项市级部门、事业单位要求开具的各类证明，涉及企业设立、经营许可、困难救助、就读升学等。

4月2日 北京市首个集居家养老与社区助残服务于一体的“温馨助残养老驿站”在朝阳区亚运村街道正式挂牌运营。

4月4日 北京市召开扶贫协作推进会暨对口支援和经济合作工作领导小组会议，传达习近平总书记关于扶贫攻坚重要讲话，贯彻中央政治局会议和中央财经委员会第一次会议精神，研究部署全市扶贫协作工作。当月，北京市党政代表团先后赴内蒙古自治区、河北省、西藏自治区拉萨市、新疆维吾尔自治区和田地区和兵团第十四师沟通对接对口支援和扶贫协作工作，签署相关扶贫协作协议。

4月11日　发布《北京市积分落户操作管理细则（试行）》。这是落实国家户籍制度改革精神的具体举措，将为长期在北京合法稳定就业、合法稳定居住的普通劳动者开辟一条新的落户渠道，有利于增强外来人口的城市融入感、归属感，共享和谐社会发展成果。

4月22日—24日　首届数字中国建设峰会召开。北京市公共服务一卡通平台“北京通”入选“数字中国建设年度最佳实践”。

4月24日　市委、市政府主要领导与辽宁省政府主要领导及沈阳市委、市人大、市政府、市政协主要领导在京召开深入推进京沈对口合作工作座谈会，有力推动京沈合作向纵深发展。

4月25日　北京市发布2018年义务教育入学政策。该政策首次明确京籍无房户，满足在非户籍区连续单独承租、实际居住、就业3年以上等条件，适龄子女可在租住区入学。

4月　北京市增派17名党政干部到河北省挂职，共计77名挂职干部在河北省、市、县挂职。

5月5日　市委、市政府印发《关于实施乡村振兴战略的措施》。从9个方面作出部署，提出总体要求、目标任务及实施措施。到2035年，乡村振兴取得决定性进展；到2050年，北京乡村将全面振兴，农业强、农村美、农民富全面实现。

5月6日　首届京津冀协同推进民族团结教育成果展示活动在昌平区农业嘉年华广场举行。京津冀协同推进民族教育工作战略合作框架协议正式签署。

5月17日　北京市首家“科技小院”项目在密云区东邵渠镇西

邵渠村正式启动。“科技小院”是由市委统战部会同市农委、中国农业大学和密云区委推出的科技帮扶项目，旨在通过有效解决科研与需求脱节的问题，探索扶贫与扶智、输血与造血相结合的科技精准扶贫新路径。

5 月 18 日—19 日　全国生态环境保护大会召开。习近平在大会上讲话提出新时代推进生态文明建设的原则，强调要加快构建生态文明体系。7 月 13 日，北京市生态环境保护大会召开。蔡奇出席会议并讲话，强调要坚持以习近平新时代中国特色社会主义思想为指引，贯彻落实全国生态环境保护大会精神，坚定信心，勇于担当，坚决打好污染防治攻坚战，全面加强首都生态文明建设，加快建设“天蓝、水清、土净、地绿”的美丽北京。

5 月 19 日　“百企对百村”北京精准扶贫雄安行动启动。北京支持雄安产业发展促进会百家会员单位与雄安百村代表签订协议书，百企将对百村进行精准扶贫，不让一人一户掉队。

5 月 22 日　全市首个区级食品药品应急指挥中心在延庆区成立。指挥中心具备食品药品应急指挥调度、数据分析、决策支持、资源管理、信息发布和模拟演练等功能。指挥中心的覆盖范围包括河北崇礼、怀来、赤城三地，为周边居民提供更高水准的食品安全保障。四地范围内的食品药品应急保障检验实行绿色通道，实现就近送检、优先办理。

5 月 22 日—23 日　北京市代表团赴青海玉树调研对接援青扶贫工作，考察援青项目，慰问援青干部人才，并召开北京市支援玉树州扶贫工作推进会。

5 月　北京市纪委、新疆维吾尔自治区纪委、西藏自治区纪委、青海省纪委、内蒙古自治区纪委、河北省纪委联合印发《北京市与五省区纪检监察机关协同推进扶贫协作监督执纪问责工作机制》，建立北京市与扶贫协作 5 省区纪检监察机关协同推进监督执纪问责 4 项工作机制。市纪委监委印发《强化扶贫协作监督执纪问责工作实施方案》。

6月9日—12日 北京市政协主要领导率政协考察组到河南、湖北考察南水北调对口协作工作。

6月12日 河北省党政代表团来北京考察。两地共同签署《进一步加强京冀协同发展合作框架协议（2018—2020年）》。

6月24日 北京市科技创新基金启动大会在中关村国家自主创新示范区举行。北京市科技创新基金是政府主导的股权投资母基金，专注于科技创新领域投资，面向国内外高校、科研院所、创新型企业等创新源头开展投资，培育"高精尖"产业。

6月26日 北京市残疾人联合会第七次代表大会开幕。会议强调，要深入学习贯彻习近平新时代中国特色社会主义思想，紧抓机遇、开拓创新，深入推进新时代首都残疾人事业高质量发展，鼓励和支持残疾人建功立业，不断增强广大残疾人的获得感、幸福感、安全感。

6月28日 国务院召开全国深化"放管服"改革转变政府职能电视电话会议。会后，市政府立即召开会议，全面贯彻落实会议精神，部署深化全市"放管服"改革工作。

6月29日 北京市召开"万企帮万村"大会，发布《关于推进"万企帮万村"精准扶贫行动的指导意见》，号召北京市国有企业、民营企业，以北京市受援地的建档立卡贫困村为帮扶对象，以签约结对、村企共建、爱心公益等形式，履行社会责任、投身精准扶贫。全市已有544家国有、民营企业与受援地区的548个贫困村签署帮扶协议，企业已经通过产业落地、吸纳就业、教育医疗救助等方式积极帮助贫困村脱贫攻坚，已经有近5亿元的产业投资。

6月 市编委印发《关于更名调整北京市对口支援和经济合作工作领导小组及办公室的通知》，将北京市对口支援和经济合作工作领导小组更名为北京市扶贫协作和支援合作工作领导小组，将北京市对口支援和经济合作工作领导小组办公室更名为北京市扶贫协作和支援合作工作领导小组办公室。

7月3日 北京推进科技创新中心建设办公室召开第四次全体会议，签署《国家科技成果转化引导基金北京市科技创新基金战略合作协议》。

7月3日 北京市深化“8+1”专项行动推进会暨助力门头沟区低收入帮扶和美丽乡村建设签约仪式举行，各民主党派市委与门头沟区8个低收入村签署帮扶协议。截至2021年6月底，落地项目超过100个。

7月6日 市政府正式印发《北京市生态保护红线》。根据划定范围，北京市生态保护红线面积4290平方千米，占市域总面积的26.1%。

7月11日 《2017年度北京市卫生与人群健康状况报告》（以下称《健康白皮书》）发布。《健康白皮书》显示，2017年北京市居民期望寿命为82.15岁，比2016年增加0.12岁，继续在国内处于前列，与世界排名靠前的日本（83.4岁）、中国香港（82.8岁）、瑞士（82.3岁）等国家与地区的水平接近。

7月12日 全市首个生活性服务业示范街区在顺义区中粮祥云小镇正式挂牌。生活性服务业示范街区是北京市在全国首创的一种社区商业业态，在基本便民服务全覆盖的基础上，居民可就近享受健康服务、体育服务、文化服务和教育培训服务。

7月14日 《中共北京市委、北京市人民政府关于全面加强生态环境保护坚决打好北京市污染防治攻坚战的意见》发布。

7月18日—8月19日 北京市第十五届运动会举办。与往届相比，本届市运会增加群众组，共设足球、羽毛球、武术、拔河、半程马拉松等14个大项的群众比赛。

7月23日—24日 中共北京市委十二届五次全会召开。会议研究讨论《北京城市副中心控制性详细规划（送审稿）》。

7月30日 市委、市政府印发《北京市关于全面深化改革、扩大对外开放重要举措的行动计划》。

7月 北京市出台《推进京津冀协同发展2018—2020年行动计划》，从疏解、承接、生态、交通、产业、创新、公共服务等方面践行京津冀协同发展的重大战略，打造区域协同发展改革的引领区。

8月4日 北京市委主要领导与拉萨市党政代表团座谈，聚焦脱贫攻坚，共商对口支援工作。

8月13日 《北京城市安全隐患治理三年行动方案（2018年—2020年）》发布。此次安全隐患排查治理实行“全行业覆盖、重点行业突破”，覆盖重点为消防、交通、建设施工、城市运行、危险化学品、矿山、地下空间等十大领域。

8月13日 由北京联通建立的首批4座5G基站启用，北京正式迈入5G时代。

8月16日 市发展改革委、市规划国土委、市教委、市交通委、昌平区政府联合发布《优化提升回龙观天通苑地区公共服务和基础设施三年行动计划（2018—2020年）》。

8月18日—23日 由市民委、市体育局、市教委共同主办，石景山区人民政府承办的北京市第十届民族传统体育运动会举行。北京市16个区及天津市、河北省组团参加，共有来自22个民族的4000余名运动员参赛。

8月19日 青海省党政代表团来北京考察，共商交流合作与对口支援工作。两地签署战略合作框架协议。

8月20日 京秦高速北京段、首都地区环线高速公路（通州—大兴段）正式通车。至此，京津冀三地高速“断头路”全部打通。

8月21日 发布《关于推进文化创意产业创新发展的意见》。

8月28日 2018年首都医药卫生协调委员会暨北京市医改领导小组召开第一次全体会议，贯彻全国医改工作电视电话会议精神，研究部署首都医药卫生和医改重点工作。

9月3日—4日 中非合作论坛北京峰会在北京举行。国家主席习近平出席在人民大会堂举行的开幕式并发表《携手共命运　同心促发展》的主旨讲话。习近平和论坛共同主席国南非总统拉马福萨分别主持第一阶段和第二阶段会议。会议通过《关于构建更加紧密的中非命运共同体的北京宣言》和《中非合作论坛——北京行动计划（2019—2021年）》，将全力推进落实，构建更加紧密的中非命运共同体。

9月6日 北京市印发《北京市在湖泊实施湖长制的工作方案》和《北京市在湖泊实施湖长制工作的实施方案》，明确在全市水务普查数据认定的41个湖泊分级设置湖长，纳入“河长制”统一管理。

9月7日 中共北京市委十二届六次全会召开。全会审议通过《北京市机构改革方案（送审稿）》，同意按程序上报党中央。

9月7日 市政府发布《北京市打赢蓝天保卫战三年行动计划》。9月10日，北京市召开打赢蓝天保卫战三年行动计划暨2018年—2019年秋冬季攻坚行动动员部署电视电话会议，通报《北京市打赢蓝天保卫战三年行动计划》和2018年—2019年秋冬季攻坚行动的主要内容。

9月9日 北京互联网法院挂牌成立，集中管辖互联网购物合同纠纷、互联网著作权权属纠纷等案件。市民可登录北京互联网法院电子诉讼平台网上打官司。

9月9日 市委、市政府印发《北京市东西部扶贫协作三年行动计划实施意见》。

9月10日 市政府公布2018年版《北京市新增产业的禁止和限

制目录》。新版目录在2015年版基础上修订73处。其中，对与百姓生活密切相关及社会关注度高的生产、生活性服务业予以细化修订，给符合区域布局要求的城市运行服务保障产业保留了一定发展空间。

9月14日　市卫计委、河北省卫计委、雄安新区管委会共同签署《关于支持雄安新区医疗卫生事业发展合作框架协议》。

9月19日　《促进城市南部地区加快发展行动计划（2018—2020年）》公开发布。这一行动计划中上百个重大项目将全面提升城南区域的软硬件设施，助力丰台、房山、大兴和亦庄发展。截至2020年底，城市南部地区3年行动计划全面完成。

9月20日　市委军民融合发展委员会举行第一次全体会议，研究部署军民融合发展工作。会议强调，要深入贯彻习近平总书记关于军民融合发展重要论述，坚持首善标准，抓住机遇，精准施策，把资源禀赋优势转化为发展优势，开创军民融合发展新局面。

9月25日　全市首家互联网医院——北京医院互联网医院正式上线。该医院是依托实体三级甲等医疗机构建立的互联网医疗服务平台，患者可通过“掌上北京医院”App就医。

9月27日　市政府办公厅印发《北京市加快医药健康协同创新行动计划（2018—2020年）》。

9月29日　北京儿童医院世纪坛诊疗中心、首都儿科研究所朝阳诊疗中心开始运行，标志着北京市属医院紧密型儿科医联体启动运行。

9月　拉萨市脱贫摘帽，成为北京市第一个实现摘帽的对口支援地区。

10月15日　北京市党政代表团赴天津市学习考察，深化交流合作，向纵深推进京津冀协同发展。双方签署《进一步加强京津战略合作框架协议（2018—2020年）》。当日，北京市党政代表团赴河北省雄安新区学习考察，进一步对接支持雄安新区建设，更好地推进京津冀协同发展。

10月15日 平谷区荣获北京市首个“国家森林城市”称号。

10月18日 全市教育大会召开。会议系统总结近年来北京市教育工作实践经验，深入分析存在的问题，强调要全面深化教育体制机制改革，进一步完善保障教育优先发展的体制机制，努力办好人民满意的教育。要紧紧围绕首都城市战略定位，提高教育服务经济社会发展的能力。坚持内涵、特色、差异化发展，全面提升高等教育发展水平。

10月23日 第八届首都民族团结进步表彰大会召开。会议听取首都民族团结进步工作报告，表彰怀柔区喇叭沟门满族乡政府等138个先进集体和关亚新等245名先进个人。截至年底，全市民族村集体经济总收入约28.4亿元，集体资产总额约89亿元，同比增长19.1%，净资产额约44.2亿元，同比增长20.1%。93.5%的民族村人均收入达到所在区或全市平均水平，民族村低收入农户人均可支配收入超过1.8万元。少数民族乡村基础设施、人居环境质量有了明显提升，群众生活更加富足。

10月29日 习近平总书记主持召开中央政治局常委会会议，审议北京城市副中心控规并发表重要讲话，对规划建设管理好城市副中心进一步提出明确要求。11月1日，市委常委会召开扩大会议，传达学习贯彻习近平总书记这一重要讲话精神。会议强调，要高质量规划建设管理好北京城市副中心，规划上要落实“世界眼光、国际标准、中国特色、高点定位”的要求；建设上要着力打造绿色城市、森林城市、海绵城市、智慧城市、人文城市、宜居城市；管理上要尽快形成与城市副中心功能相匹配的城市管理能力；发展上要率先在推动高质量发展的指标、政策、考核体系等方面取得新突破。

11月5日 北京市出台《关于推动生态涵养区生态保护和绿色

发展的实施意见》，明确提出建立生态涵养区与平原区结对协作机制。

11月6日 市发展改革委发布消息，全市100个老旧小区供热管网改造工程全部完工，实现清洁供暖，惠及10.8万户居民。

11月14日 习近平总书记主持召开中央全面深化改革委员会第五次会议。会议审议并通过《“街乡吹哨、部门报到”——北京市推进党建引领基层治理体制机制创新的探索》，对这项工作给予充分肯定。11月16日，市委全面深化改革委员会召开第二次会议，传达学习中央全面深化改革委员会第五次会议精神，研究推动党建引领“街乡吹哨、部门报到”工作。会议强调，要坚持以习近平总书记对北京重要讲话精神为根本遵循，从推进首都治理体系和治理能力现代化的高度，进一步把“吹哨报到”工作抓实抓好。

11月19日 市委、市政府印发《北京市进一步优化营商环境行动计划（2018年—2020年）》，确定近3年北京市营商环境改革时间表和施工图。该行动计划共安排22项主要任务，细化为298项任务清单。

11月21日—23日 市十五届人大常委会第九次会议召开，表决通过《北京市气象灾害防御条例》《市人大常委会关于批准市“十三五”规划纲要部分指标调整方案的决议》《北京市非物质文化遗产条例（草案）》议案。

11月23日 农业农村部新闻办公室发布消息，北京市房山区排查发现非洲猪瘟疫情。疫情发生后，市委、市政府高度重视，蔡奇作出批示，要求全面排查，迅速做好疫情管控，防止扩散。陈吉宁召开专题会议，部署防控措施并赴现场指挥调度。全市上下按照应急预案要求，采取有效措施，有效控制疫情。2019年全年未再发生非洲猪瘟疫情。

11月28日 北京市扶贫协作和支援合作工作领导小组办公室关

于印发《北京市东西部扶贫协作对口帮扶内蒙古、河北三年行动计划（2018—2020年）》的通知。

11月30日 北京市召开生态涵养区与平原区结对协作框架协议签署工作会。东城区与怀柔区、西城区与门头沟区、朝阳区与密云区、海淀区与延庆区、丰台区与房山区、北京经济技术开发区与平谷区、顺义区与昌平区分别签署结对协作框架协议。

12月5日 北京市首届冬季运动会开幕。

12月5日 《北京市促进文化科技融合发展的若干措施》印发。

12月18日 庆祝改革开放40周年大会在人民大会堂举行，习近平发表重要讲话。当日，市委常委会召开扩大会议，传达学习习近平总书记这一重要讲话精神。会议强调，要围绕中华人民共和国成立70周年，做好重大活动服务保障工作，带动全市各项事业向前发展。坚持稳中求进总基调，继续大力加强“四个中心”功能建设，提高“四个服务”水平，抓好“三件大事”，打好“三大攻坚战”，统筹做好改革发展稳定和改善民生各项工作，不断将全面从严治党引向深入。

12月21日 市委全面依法治市委员会召开第一次会议，传达学习习近平总书记在中央全面依法治国委员会第一次会议上的讲话精神，审议《中共北京市委全面依法治市委员会工作规则》《中共北京市委全面依法治市委员会协调小组工作规则》《中共北京市委全面依法治市委员会办公室工作细则》，研究部署近期重点工作。会议强调，要统筹抓好依法治市各项工作，努力为首都经济社会发展营造更加公正高效的法治环境。加强市委对立法工作的领导，全面实施北京市5年立法规划，加强重点领域立法，建立健全适应首都城市战略定位的法治保障体系。

12月27日 市政府办公厅印发《北京医耗联动综合改革实施方案》。

12 月 27 日 北京市首次尝试通过集体土地建设共有产权房，为政策性住房开辟了土地供应新渠道。

12 月 28 日 中共北京市委十二届七次全会召开。全会学习贯彻中央经济工作会议精神，总结 2018 年工作，研究部署 2019 年任务。蔡奇代表市委常委会作工作报告，并发表讲话；陈吉宁作关于全市经济社会发展工作的报告。全会同意市委常委会工作报告，审议市委常委会抓党建工作情况报告，讨论全市经济社会发展工作报告，表决通过《中国共产党北京市第十二届委员会第七次全体会议决议》。全会强调，2019 年要重点抓好深入落实城市总体规划，坚定有序推进疏解整治促提升专项行动，扎实推动经济高质量发展，坚决打好“三大攻坚战”，深入推进京津冀协同发展，坚定不移深化改革扩大开放，切实保障和改善民生，全力维护首都安全稳定等工作。

12 月 29 日 市重大项目办发布消息，2018 年全市累计完成棚户区改造（征收、拆迁、腾退协议签订）34323 户，占全年任务的 146%，超额完成 2.36 万户的全年改造任务；涉及人口约 15.2 万人，完成全年任务的 180%。

12 月 《北京市打赢净土持久战三年行动计划》发布。

本年 北京市城乡低收入家庭认定标准与北京市最低工资挂钩。

本年 截至年底，北京市的中共党员总数为 216.1 万名，党的基层组织总数为 99541 个，其中基层党委 5881 个、党总支 4620 个、党支部 89040 个。

本年 全年地区生产总值 30320 亿元，按可比价格计算，比上年增长 6.6%。年末全市常住人口 2154.2 万人，比上年末减少 16.5 万人。全年全市居民人均可支配收入为 62361 元，比上年增长 9.0%；扣除价格因素后实际增长 6.3%。

二〇一九年

1月2日 市委常委会召开会议，传达全国扶贫开发工作会议精神，研究北京市贯彻意见。要求深入学习贯彻习近平总书记关于扶贫工作的重要论述，深入推进东西部扶贫协作，咬定目标使劲干。抓紧研究制订全年扶贫协作工作计划和重点项目清单，建立稳定脱贫长效机制。聚焦精准扶贫，及早拨付资金，加强绩效管理。继续推进“万企帮万村行动”，广泛动员社会参与脱贫攻坚。

1月4日 《北京城市副中心控制性详细规划（街区层面）（2016年—2035年）》正式发布。

1月7日 市委生态文明建设委员会召开第一次会议。会议强调要切实加强党对生态文明建设的领导，强化顶层设计和统筹协调，发挥好市委生态文明建设委员会牵头把总、统筹协调、督促落实等作用，全面提高首都生态文明建设水平。

1月7日 《京津冀教育协同发展行动计划（2018—2020年）》发布。北京市推出职教资源向河北省廊坊市北三县（三河、大厂、香河）延伸、试点京津冀跨省市高职单独招生等重要举措。

1月8日 2018年度国家科学技术奖励大会在北京召开。北京市有69项成果获奖，其中一等奖6项、二等奖63项。中关村科学城区域内单位主持完成的获奖项目达59项，占北京市获奖总数的85.5%，占全国通用项目获奖总数的26.3%。

1月11日 市级行政中心正式迁入北京城市副中心。同日，中共北京市委城市副中心工作委员会、北京城市副中心管理委员会正式揭牌成立。

1月14日—20日 北京市第十五届人民代表大会第二次会议在北京会议中心召开。会议听取《政府工作报告》、《人大常委会工作报告》、市“两院”工作报告；审查市政府关于北京市2018年国民经济和社会发展计划执行情况与2019年国民经济和社会发展计划草案的报告、市政府关于北京市2018年预算执行情况和2019年预算草案的报告；表决通过《北京市非物质文化遗产条例（草案）》。

1月18日 习近平到北京城市副中心视察，详细了解副中心重大工程项目规划建设情况，主持召开京津冀协同发展座谈会并发表重要讲话。充分肯定京津冀协同发展战略实施以来取得的显著成效，强调京津冀协同发展是一个系统工程，不可能一蹴而就，要做好长期作战的思想准备。对推动京津冀协同发展提出6个方面的要求：第一，紧紧抓住“牛鼻子”不放松，积极稳妥有序疏解北京非首都功能；第二，保持历史耐心和战略定力，高质量、高标准推动雄安新区规划建设；第三，以北京市级机关搬迁为契机，高质量推动北京城市副中心规划建设；第四，向改革创新要动力，发挥引领高质量发展的重要动力源作用；第五，坚持绿水青山就是金山银山的理念，强化生态环境联建联防联治；第六，坚持以人民为中心，促进基本公共服务共建共享。

1月22日 北京市消费扶贫双创中心在首农双创中心大厦建成运营。该中心由市扶贫支援办、市国资委、市商务局、首农食品集团主办，建行北京分行、北京市帮扶的各受援地人民政府、各前方指挥部及挂职干部团队共同承办。11月，双创中心获得国家发展改革委“2019年全国消费扶贫典型案例奖”。

1月24日 中共中央、国务院发布《关于支持河北雄安新区全面深化改革和扩大开放的指导意见》。

1月30日　市委、市政府发布《关于加强城市精细化管理工作的意见》。

1月31日　国务院批复同意《全面推进北京市服务业扩大开放综合试点工作方案》，期限为自批复之日起3年。批复要求，北京市人民政府要加强组织领导，在风险可控的前提下，精心组织，大胆实践，在扩大服务业对外开放构建开放型经济新体制方面取得更多可复制、可推广的经验。

1月31日　市科委等部门联合印发《强化创新驱动科技支撑北京乡村振兴行动方案（2018—2020年）》。该方案以完善科技创新体系、优化创新创业载体、实施科技支撑行动、落实科技精准帮扶4个方面为重点，为实施乡村振兴战略提供强有力的科技保障。

1月　首都核心区主次干路电力架空线入地工程基本完工，“十三五”末首都核心区供电可靠性达到国际领先水平。

2月1日　农历春节来临之际，习近平在北京看望慰问基层干部群众，考察北京冬奥会、冬残奥会筹办工作。习近平表示，办好北京冬奥会、冬残奥会是党和国家的一件大事。要全面落实绿色、共享、开放、廉洁的办奥理念，充分考虑场馆的可持续利用问题，高标准、高质量完成各项筹办任务。体育强则国家强，国家强则体育强。发展体育事业不仅是实现中国梦的重要内容，还能为中华民族伟大复兴提供凝心聚气的强大精神力量。要弘扬中华体育精神，弘扬体育道德风尚，推动群众体育、竞技体育、体育产业协调发展，加快建设体育强国。

2月2日　习近平专程来到北京卫戍区，深入基层班排，察看执勤哨位，亲切慰问部队官兵，接见卫戍区机关全体干部、所属部队师以上干部和建制团主官，代表党中央和中央军委，向全体人民解放军指战员、武警部队官兵、民兵预备役人员致以诚挚问候和新春祝福。

听取卫戍区工作汇报并发表重要讲话，强调北京卫戍区驻守京畿、护卫中枢，是党中央和中央军委直接掌握的一支重要力量，要贯彻新时代党的强军思想，聚焦备战打仗，提高警卫能力，努力开创卫戍区建设新局面，始终做党和人民完全可以信赖的部队。

2 月 2 日　国家发展改革委、农业农村部、工业和信息化部等国家 7 部委公布首批 100 个国家农村产业融合发展示范园名单，房山区窦店镇窦店村成为北京市唯一入选的示范园。

2 月 13 日　《加快新首钢高端产业综合服务区发展建设打造新时代首都城市复兴新地标行动计划（2019 年—2021 年）》发布。将打造城市复兴新地标与冬奥会筹办、老工业区有机更新、绿色高端发展紧密结合，通过文化、产业、生态和活力四大复兴行动。

2 月 14 日　中共北京市委十二届八次全会召开。全会学习贯彻 2019 年初习近平总书记视察北京重要讲话精神，并就抓好贯彻落实作出安排部署。

2 月 15 日　北京市召开“学习强国”学习平台建设工作推进会，贯彻落实中宣部部署和市委常委会全市宣传部长会工作安排，加快推进全市“学习强国”学习平台建设和推广使用。

2 月 19 日　北京冬奥组委正式发布《北京 2022 年冬奥会和冬残奥会遗产战略计划》。

2 月 20 日　中央宣传部向全社会发布“北京榜样”优秀群体的先进事迹，授予他们“时代楷模”称号。

2 月 21 日　市纪委、市监委召开扶贫协作领域落实全面从严治党主体责任座谈会。会议强调要落实好 4 个方面的要求：一是要增强政治责任感，切实担当起扶贫协作的政治任务；二是要坚持问题导向，着力破解全面从严治党薄弱环节；三是要严格监督执纪问责，为对口支援提供坚强纪律保障；四是要严管厚爱结合，打造政治过硬、本领高强的援派干部队伍。

2月23日 市委、市政府正式印发《关于加强新时代街道工作的意见》。该意见突出体现了坚持党建引领、坚持民有所呼我有所应、坚持问题导向、坚持系统谋划4个特点，围绕“全市如何抓街道，街道自身怎么发挥作用”两个层面，提出一整套体现时代特征，符合超大城市发展规律的街道制度安排。在加强党建引领基层治理、街道体制改革、保障和改善民生、街区更新、社区治理和保障机制6个方面提出30条改革措施。

2月25日 市扶贫协作和支援合作工作领导小组召开会议，研究部署今年工作。强调要深入学习贯彻习近平总书记关于扶贫工作的重要论述，不断增强打赢脱贫攻坚战的责任感和使命感，以决战决胜的精神状态，高质量完成今年扶贫协作任务。

3月2日 推进新一轮服务业扩大开放办好2019年京交会助推首都经济高质量发展动员部署大会召开。

3月4日 市委农村工作领导小组召开第一次全体会议。蔡奇指出,市委农村工作领导小组是这次机构改革中新成立的议事协调机构。这是北京市加强和完善党对“三农”工作全面领导的重要举措，是落实5级书记抓乡村振兴的具体行动。当日，全市农村工作会议召开，贯彻落实中央农村工作会议精神，研究部署北京市“三农”工作。

3月9日 市委、市政府召开北京首都开发控股（集团）有限公司与北京房地集团有限公司重组大会，宣布两家企业实施合并重组。

3月15日 北京市最大的集体土地租赁房项目在大兴区西红门开工建设。

3月19日 全国爱国卫生运动委员会授予延庆区、密云区“国家卫生城市（区）”荣誉称号。

3月22日 市委外事工作委员会召开第一次会议。会议审议并通过《中共北京市委外事工作委员会工作规则》《中共北京市委外事工作委员会办公室工作细则》。

3月24日 国家发展改革委、民航局共同批复支持首都国际机场临空经济示范区建设。示范区规划面积115.7平方千米，空间布局为“一港四区”，即首都空港、航空物流与口岸贸易区、临空产业与城市综合服务区、临空商务与新兴产业区、生态功能区。

3月26日—27日 北京市党政代表团到内蒙古通辽市、兴安盟考察调研，与内蒙古共同谋划京蒙扶贫协作工作，京蒙双方召开东西部扶贫协作工作座谈会。

3月28日 市人大常委会审议并通过《北京市2019年重要民生实事项目》，包括优化基本公共服务、改善群众居住条件、提升生活便利性、方便市民出行、营造宜居环境、丰富文体生活、保障公共安全、提高社会保障水平8个方面31个民生实事项目。截至年底，绝大多数实事项目已完成。

3月29日 北京市召开市委全面依法治市委员会守法普法协调小组第一次全体会议和2019年北京市普法依法治理工作会。

3月30日 第七届北京市“十大最美慈善义工榜样人物”和“十大最美慈善义工榜样团体”揭晓。沈腾、沙有威、姜莉等10人荣获“十大最美慈善义工榜样人物”，北京市女企业家协会志愿服务总队、北京春苗慈善基金会等10家机构荣获“十大最美慈善义工榜样团体”。

3月 中共中央办公厅、国务院办公厅印发《关于以2022年北京冬奥会为契机大力发展冰雪运动的意见》，对发展冰雪运动作出部署。

3月 永定河首次大规模引黄河水进京，开展跨流域生态补水，为北京世园会和北京大兴国际机场提供生态环境用水保障。

4月9日 市人大常委会“两条例一决定”执法检查组第一次会

议暨执法检查启动会召开。即日起，检查组将对北京市贯彻实施《北京市机动车停车条例》《北京市非机动车管理条例》《北京市人民代表大会常务委员会关于修改〈北京市实施中华人民共和国道路交通安全法办法〉的决定》工作情况进行执法检查。

4 月 10 日 国务院新闻办举行全面推进北京市服务业扩大开放综合试点发布会。

4 月 12 日 北京市推进新时代文明实践中心建设领导小组第一次会议暨工作部署会召开。会议宣读领导小组成员名单和议事规则，并部署全市推进新时代文明实践中心建设工作。

4 月 12 日 北京市全面启动退役军人服务保障体系建设。

4 月 13 日—20 日 第九届北京国际电影节在北京怀柔国家中影数字制作基地举办。来自 85 个国家和地区的 775 部电影参评“天坛奖”，电影市场项目签约额显著增长，达 309 亿元。电影节入选 2019 年北京文化消费品牌榜“十大文化展演活动”。

4 月 16 日 《北京市长城文化带保护发展规划（2018 年至 2035 年）》正式公布。

4 月 17 日 北京智源人工智能研究院宣布正式启动实施“智源学者计划”，首批“智源学者”候选人开始公示。当天，研究院首个联合实验室——北京智源—旷视智能模型设计与图像感知联合实验室正式揭牌成立。

4 月 17 日 北京市商业服务业服务质量提升 3 年行动启动。

4 月 18 日 北京市召开人才工作领导小组 2019 年第一次会议。会议传达中央人才工作协调小组有关会议精神，审议市人才工作领导小组 2018 年工作报告和 2019 年工作要点，听取相关单位关于全市重点人才项目进展情况汇报。

4 月 23 日 北京市农业农村科技工作会召开。会议提出要依托首都科技优势、人才优势，建设一批立足北京、辐射京津冀的农业科技示范基地，总结出可复制推广的经验模式，加快农业科技创新和成果转化。

4 月 25 日 市委办公厅印发实施《北京市涉农区党政领导班子和领导干部推进乡村振兴战略实绩考核意见》。

4 月 25 日—27 日 第二届“一带一路”国际合作高峰论坛举行。论坛举行期间，举行了高峰论坛开幕式、领导人圆桌峰会高级别会议、12 场分论坛和 1 场企业家大会。38 个国家的元首和政府首脑及联合国秘书长和国际货币基金组织总裁共 40 人出席圆桌峰会。来自 150 个国家 92 个国际组织的 6000 余名外宾参加了论坛。最终达成六大类 283 项成果。

4 月 28 日 《北京市城乡规划条例》自即日起施行。

4 月 28 日—10 月 9 日 2019 年中国北京世界园艺博览会在延庆世园会园区举行。习近平出席开幕式，发表题为“共谋绿色生活，共建美丽家园”的重要讲话。本届世园会共有 110 个国家和国际组织，以及包括中国 34 个省、自治区、直辖市、特别行政区在内的 120 余个非官方参展者参加。世园会举行期间，共举办 100 余场国家日和 3284 场荣誉日活动，吸引中外观众 934 万人次前往参观。

5 月 9 日 市委、市政府主要领导与辽宁省政府主要领导及沈阳市委、市政府主要领导在京召开京沈对口合作工作座谈会，对推动京沈对口合作向纵深发展达成高度共识。

5 月 10 日 北京 2022 年冬奥会倒计时 1000 天活动在奥林匹克公园玲珑塔南侧广场举行。活动发布了《北京 2022 年冬奥会和冬残奥会志愿服务行动计划》。

5 月 15 日—22 日 亚洲文明对话大会在京举行。习近平在开幕式上发表题为“深化文明交流互鉴　共建亚洲命运共同体”的主旨演讲。亚洲 47 个国家及其他大洲国家的政府官员和文化、教育、影视、智库、媒体、旅游等领域的代表共计 2000 余人参加大会相关活动。大会发布了《亚洲文明对话大会 2019 北京共识》，达成了四大类 26 项成果。

5 月 16 日 市委办公厅印发《关于解决形式主义突出问题为基层减负的若干措施》的通知。

5 月 20 日 北京市召开“首都科技创新发展指数 2019”新闻发布会。市科委联合市统计局、首都科技发展战略研究院共同发布首都科技创新发展指数。研究结果表明，自 2014 年以来，北京建设具有全球影响力的科技创新中心步入快车道，为创新型国家和世界科技强国建设贡献了力量。

5 月 21 日 北京市党政代表团赴河北省就扶贫协作工作进行对接。强调要聚焦重点领域，突出脱贫实效。健全产业合作项目带贫机制，支持易地搬迁配套产业园区贫困村扶贫车间建设。完善劳务协作精准对接机制，加大贫困人口技能培训力度，引导鼓励企业优先吸纳贫困人口就业，重点安排就地就近就业。开展贫困县农副产品“七进”活动，拓展进京销售渠道。更加注重发挥北京教育医疗科技资源优势，着力解决因病因学致贫问题，增强脱贫的内生动力。要巩固脱贫成果，超前谋划脱贫摘帽后的工作，建立防止返贫长效机制，做到摘帽不摘责任、不摘政策、不摘帮扶、不摘监管。

5 月 24 日—25 日 北京市党政代表团赴新疆和田地区、兵团第十四师、乌鲁木齐市考察调研，召开北京 · 新疆和田地区及兵团第十四师对口支援扶贫工作座谈会，就进一步推动北京市援疆扶贫工作开展深入沟通对接。

5 月 28 日—6 月 1 日 2019 年中国国际服务贸易交易会举行。5 月 28 日，习近平为服贸会峰会发来贺信。本届服贸会围绕“开放、创新、智慧、融合”主题，组织16.5万平方米展览展示，举办了240余场论坛会议和洽谈交易活动，吸引了137个境外国家和地区、21家国际组织、全国各省区市、180余家境内外商协会、8000家境内外企业及机构参展、参会。共实现意向签约项目总数440个，意向签约金额1050.6亿美元。

5月28日 北京市第十五届哲学社会科学优秀成果奖表彰座谈会召开。本届共评出优秀成果208项。

5月29日—30日 第十四届中国北京国际文化创意产业博览会在中国国际展览中心（老馆）举行。本届文博会以“引领文化产业高质量发展助推全国文化中心建设”为主题，共有2家国际组织、68个国家与地区的86个境外代表团参加活动，全国12个省区市代表团参展、参会。主展场共接待各界观众约6万人次，5场论坛有101位国内外政府官员和业界知名专家学者及企业家到会演讲，8场项目推介交易活动吸引海内外2.2万名客商到会洽谈交易。

6月1日 中央扫黑除恶第十一督导组督导北京市工作动员会召开。

6月14日 北京市“不忘初心、牢记使命”主题教育工作会议召开，主题教育活动正式启动。活动分两批举行。第一批主题教育在全市170家单位开展，第二批主题教育在区及其直属单位、高校及其他基层组织开展。

6月14日 “时代楷模”“北京榜样”优秀群体先进事迹报告会在人民大会堂举行，由此拉开全国巡讲帷幕。

6月15日 北京市正式启动实施医耗联动综合改革。

6月18日 京冀扶贫劳务协作座谈会在河北丰宁召开。北京市人社部门与河北省人社部门签订《京冀省际间扶贫劳务协作协议》，河北张家口、承德、保定3市的23个县人社部门与北京对口区的人社部门签订劳务协作协议，尚未脱贫摘帽的13个贫困县中的11个与北京建立对口协作关系。

6月20日 市委常委会召开会议，听取2018年脱贫攻坚成效考核情况及北京市整改方案汇报。

7月1日 全市首批5张T4级别自动驾驶测试牌照颁发给百度公司。T4牌照是迄今为止北京市最高技术等级、最高标准测试场景、最难的开放道路测试资格认证。

7月3日 北京市第十二届“首都见义勇为权益保护工作先进单位及好市民”评选表彰正式启动。

7月4日 市委印发《关于新时代加强和改进人大工作的意见》。

7月9日 市委、市政府印发《关于全面实施预算绩效管理的实施意见》。

7月17日 第九届全国“人民满意的公务员”和“人民满意的公务员集体”评选表彰名单中，北京市共有5人和3个集体入选。

7月19日 中共北京市委十二届九次全会召开。全会要求，要全力以赴做好中华人民共和国成立70周年庆祝活动筹备和服务保障工作，切实做到“精益求精 万无一失”，向党和人民交上满意答卷。

7月22日 科创板首批25家公司在上海证券交易所挂牌上市交易，标志着设立科创板并试点注册制正式落地。

7月23日 49个市级部门的主动公开信息通过“首都之窗”对外发布。这份“全清单”涵盖5116种业务事项、8638条政府信息和30696项内容标准，列明了应主动公开的全部政府信息和公开要素，方便市民查询和获取政府信息。

7月29日 “十三五”时期国家重大科技基础设施——空间环境地基综合监测网（子午工程二期）在怀柔科学城启动建设。

7月29日 北京市正式启动面向在京台胞公共租赁住房专项配

租工作。

7月30日 全市村和社区“两委”换届选举工作圆满完成。

7月 市委农工委、市农业农村局启动“千名干部科技人员进千村入万户”活动，首批选派796名科技人员对接796个村庄，通过座谈走访、政策宣讲、技术帮扶等形式收集一线问题和意见建议，为农民群众解决田间地头的实际困难。

7月 北京市市、区两级机构改革平稳有序地落实到位。改革后，市级党政机构共设置65个，市属议事协调机构由135个大幅精简到69个，市级党政机构的处级内设机构共减少21个，共有2366名编制由市级下沉到区级。

7月 0.4亿千瓦时西藏水电成功送入北京市，标志着首次“藏电入京”交易顺利完成。“藏电入京”交易是践行中央扶贫攻坚战略部署、借助大电网进行资源优化配置的尝试。

7月 发布《未来科学城发展规划（2017—2035年）》。未来科学城区域面积扩容约16倍，达到170.6平方千米，将进一步围绕先进能源、先进制造、医药健康三大核心领域，努力打造成为服务首都高质量发展的增长极和动力源。

8月4日 北京市选派的38名第四批援青干部人才到青海履职，第三批援青干部人才在完成工作交接后顺利返京。自对口支援青海玉树以来，北京市先后派出3批共142名援青干部人才，投身玉树各项事业，在产业发展、项目建设、民生改善、民族团结等方面做了大量富有成效的工作，为玉树灾后重建和经济社会发展注入强大动力。

8月18日 《北京市科学技术奖励办法》自即日起施行。

8月28日 2019人工智能计算大会在京举行。大会发布的《2019—2020中国人工智能计算力发展评估报告》显示，在中国人工智能城市算力排行榜中，北京市居第一位，AI相关投资总额已超过550亿元。

9月1日—3日 北京市代表团赴西藏拉萨市调研对接援藏扶贫工作，共商新形势、新要求下对口支援拉萨市脱贫攻坚和巩固脱贫成果的新举措、新方法。

9月5日—10月6日 由文化和旅游部、市政府联合主办以“产业策动”为主题的2019北京国际设计周举行。活动总面积超过100万平方米，其中主题展、专题展面积超过10万平方米，来自20余个国家和地区的上万名设计师参加。本届设计周首次设立“2019北京国际设计周传播奖”，首次特设文博设计奖，首次新增影视设计板块。“神舟五号”飞船摘得“2019北京设计奖经典设计奖”。

9月7日 北京市第七届全国道德模范提名奖获得者名单及先进事迹向社会公布。通过全国公示投票评选，北京市张晓艳、田琴荣获第七届全国道德模范称号，张佳鑫、杨帆、赵小伟、蔡文岁、张少康、周凡凡、苑永萍、张涛、程刚、李东方、王晓旌11人获得第七届全国道德模范提名奖。

9月11日—13日 2019世界花卉大会在延庆区举行。这是世界花卉大会首次在北京举行，共有69个国家、6个国际组织的360多位代表和国内外近30位专家学者、企业家参加。

9月12日 习近平视察中共中央北京香山革命纪念地。指出，我们缅怀这段历史，就是要继承和发扬老一辈革命家“宜将剩勇追穷寇，不可沽名学霸王”的革命到底精神，坚持立党为公、执政为民的革命情怀，谦虚谨慎、不骄不躁、艰苦奋斗的优良作风。9月13日，市委常委会召开扩大会议，传达学习贯彻习近平总书记视察北京香山革命纪念地时的重要讲话精神。会议要求，加强北京香山革命纪念地保护传承利用，使之成为挖掘首都红色文化内涵的示范性工程，具有引领示范意义的红色资源品牌。加强对北大红楼、卢沟桥等红色资源的整合利用，打造更多红色文化展示平台，系统全面地展现北京的革命历史文化底蕴，做好首都文化这篇大文章，更好地推进全国文化中心建设。

9月23日 习近平前往北京展览馆参观“伟大历程 辉煌成就——庆祝中华人民共和国成立70周年大型成就展”。

9月25日 北京大兴国际机场投运仪式举行。习近平出席仪式，宣布机场正式投运并巡览航站楼，代表党中央向参与机场建设和运营的广大干部职工表示衷心的感谢，致以诚挚的问候。强调，大兴国际机场能够在不到5年的时间里就完成预定的建设任务，顺利投入运营，充分展现中国工程建筑的雄厚实力，充分体现中国精神和中国力量，充分体现中国共产党领导和我国社会主义制度能够集中力量办大事的政治优势。中国共产党领导中国人民实现了一个又一个“不可能”，创造一个又一个难以置信的奇迹。奇迹是干出来的，社会主义是干出来的。中国共产党和中国人民有雄心有自信继续奋斗，朝着实现“两个一百年”奋斗目标实现中华民族伟大复兴的中国梦奋勇前进。实践充分证明，中国人民一定能，中国一定行。机场位于北京大兴区和河北省廊坊市交界处，为4F级大型国际枢纽机场。机场航站楼面积达70万平方米，有4条跑道；机位共268个，可满足2025年旅客吞吐量7200万人次、货邮吞吐量200万吨、飞机起降量62万架次的需求。

10月1日 庆祝中华人民共和国成立70周年大会在北京天安门广场隆重举行。李克强主持庆祝大会。习近平发表重要讲话，强调全党全军全国各族人民要更加紧密地团结起来，不忘初心、牢记使命，继续把我们的人民共和国巩固好、发展好，继续为实现“两个一百年”奋斗目标、实现中华民族伟大复兴的中国梦而努力奋斗。讲话结束后，举行盛大阅兵式。随后，举行群众游行。当晚，来自北京市各区的2

万余名群众在天安门广场进行联欢。

10月16日—18日　2019中关村论坛举行。习近平向大会致贺信。论坛规格层级大幅度提升，由市政府联合科学技术部、中国科学院、中国科学技术协会共同举办。本届论坛以“前沿科技与未来产业”为主题，举办了1场主论坛、18场平行论坛，以及中关村国际前沿科技成果展和重大成果发布会，来自全球50个国家和地区的400多位外宾、数千位企业家和投资人参与研讨。成果发布会上集中发布《关于新时代深化科技体制改革　加快推进全国科技创新中心建设的若干政策措施》等5个重大科技创新政策和应用场景建设项目，干细胞与再生医学研究院等9项重要创新交流合作协议进行现场签约，北京鲲鹏联合创新中心等4个重大创新共建平台揭牌成立。

10月24日　位于北京奥林匹克公园中心区的亚洲基础设施投资银行总部大楼暨亚洲金融大楼竣工。

10月24日—27日　第二十二届中国北京国际科技产业博览会举行。其间，共有2个国际组织、33个国家和地区的57个代表团参加各项活动，全国21个省区市代表团参展、参会，主展场共接待各界观众约6.5万人次。在主题报告会和11场论坛上，有247位国内外知名人士登台演讲、6800余位业界专业人士到会交流。举办14场项目推介交易活动，国内外3100余位客商到会进行交易，签约总金额达286.01亿元。

10月31日—11月1日　2019北京智源大会举行，来自海内外的100余位人工智能领域的专家学者参会。与会人员围绕人工智能基础研究现状及面临的机遇和挑战、人工智能技术未来发展的核心方向等话题展开交流和讨论。

10月28日—31日　中国共产党第十九届中央委员会第四次全体会议在北京举行。全会审议并通过《中共中央关于坚持和完善中国特色社会主义制度推进国家治理体系和治理能力现代化若干重大问题的决定》。

11月5日 京沈对口合作座谈会在沈阳举行。共有13个项目成功签约，涉及科技创新、金融、文化旅游、物流配送、现代农业等领域。

11月6日 全市首个标准化“美丽乡村”——房山区张坊镇大峪沟村通过考核验收。

11月12日 全市首例在集体土地上建设回迁安置房的棚改试点项目——密云区穆家峪镇新农村刘林池村棚改项目回迁安置房开工建设。

11月15日 2019森林城市建设座谈会举行。延庆区成功获评国家林业和草原局组织评选的“国家森林城市”，这是全市继平谷区之后获评的第二个“国家森林城市”。

11月20日 北京市顺利通过国家节水型城市复核，连续17年保持“全国节水型城市”称号。

11月20日 市政府发布《北京市进一步加快推进城乡水环境治理工作三年行动方案（2019年7月—2022年6月）》。计划将全市污水处理率提升3个百分点，达到97%以上。其中，中心城区达到99.7%，北京城市副中心建成区基本实现污水全收集、全处理，全市农村地区生活污水处理设施覆盖率达到55%以上。

11月20日—22日 全球第一个以推动5G产业为主题的国际性大会——2019世界5G大会在北京经济技术开发区举行。大会以“5G改变世界·5G创造未来”为主题，共有国内外近1500名通信和相关应用领域的研究人员、5G上下游企业人员，以及5G行业用户参加，近200家企业达成近80项合作意向，项目包括基础建设类、场景应用类、产业落地类等。

11月28日 中共北京市委十二届十次全会召开。全会认真学习贯彻党的十九届四中全会和习近平总书记重要讲话精神，审议通过《中共北京市委贯彻〈中共中央关于坚持和完善中国特色社会主义制度推进国家治理体系和治理能力现代化若干重大问题的决定〉的实施意见》。全会强调，要加强系统治理、依法治理、综合治理、源头治理，切实把我国制度优势更好地转化为治理效能，努力在推进国家治理体系和治理能力现代化进程中始终走在全国前列。12 月 8 日，《中共北京市委贯彻〈中共中央关于坚持和完善中国特色社会主义制度推进国家治理体系和治理能力现代化若干重大问题的决定〉的实施意见》发布。

11 月 市委印发《中共北京市委关于新时代加强和改进政协工作的实施意见》。

12 月 6 日 南水北调中线工程通水 5 周年，京宛对口协作座谈会暨合作项目签约仪式举行。北京与河南省南阳市 7 个重大合作项目签约，在光电产业、老龄产业、光控先进制造业等方面进行多项合作。

12 月 6 日 文化和旅游部、中国人民银行、财政部正式批准北京市东城区为全国首批国家文化与金融合作示范区创建区。

12 月 10 日—12 日 中央经济工作会议在北京举行。会议提出紧扣全面建成小康社会目标任务，坚持稳中求进工作总基调，坚持新发展理念，坚持以供给侧结构性改革为主线，坚持以改革开放为动力，推动高质量发展，坚决打赢三大攻坚战，全面做好“六稳”工作，统筹推进稳增长、促改革、调结构、惠民生、防风险、保稳定，保持经济在合理区间运行，确保全面建成小康社会和“十三五”规划圆满收官，得到人民认可，经得起历史检验。

12 月 20 日 中共北京市委十二届十一次全会召开。全会深入学习贯彻中央经济工作会议精神，总结 2019 年工作，研究部署 2020 年任务。全会听取并审议市委常委会工作报告、市委常委会抓党建工作情况报告，讨论关于全市经济社会发展工作的报告，表决通过《中国共产党北京市第十二届委员会第十一次全体会议决议》。全会强调，2020 年重点抓好 10 个方面工作：一是继续大力加强“四个中心”功能建设，提高“四个服务”水平。二是深入推进以疏解非首都功能为“牛鼻子”的京津冀协同发展。三是坚决打好三大攻坚战。四是扎实推动经济高质量发展。五是全面深化改革扩大开放。六是切实保障和改善民生。七是提高城市治理水平。八是全力确保首都安全稳定。九是扎实做好 2022 年北京冬奥会、冬残奥会筹办工作。十是推动全面从严治党向纵深发展。

12 月 20 日—21 日 中央农村工作会议在北京召开。会议分析当前“三农”工作面临的形势和任务，围绕全面建成小康社会和打赢脱贫攻坚战，研究部署 2020 年“三农”工作。12 月 24 日，市委常委会召开会议，听取中央农村工作会议精神及北京市贯彻意见汇报、全国扶贫开发工作会议精神及北京市贯彻意见汇报。

12 月 30 日 北京至张家口高速铁路开通运营。京张高铁是国家《中长期铁路网规划》中“八纵八横”京兰通道的重要组成部分，也是北京冬奥会重要配套基础设施工程。正线全长 174 千米，设 10 个车站，由中国自主设计建造，是世界上最先进的时速 350 千米的智能高速铁路。

12 月 赴河北部分挂职干部轮换，北京市本年共选派 83 名党政干部在河北省、市、县挂职。

本年 截至年底，北京市的中共党员总数为 222.4 万名，党的基层组织总数为 10.5 万个，其中基层党委 5934 个、党总支 4588 个、党支部 9.5 万个。

本年 全年地区生产总值 35371.3 亿元，按可比价格计算，比上年增长 6.1%。三次产业构成由上年的 0.4：16.5：83.1 变为 0.3：16.2：83.5。年末全市常住人口 2153.6 万人，比上年末减少 0.6 万人。全年全市居民人均可支配收入为 67756 元，比上年增长 8.7%，扣除价格因素后实际增长 6.3%。

二〇二〇年

1 月 1 日　即日起，《北京市街道办事处条例》《北京市促进科技成果转化条例》实施。

1 月 4 日　首都科技发展战略研究院和中国社会科学院城市与竞争力研究中心联合发布《中国城市科技创新发展报告 2019》，在全国 289 个地级及以上城市中北京位列第一。

1 月 10 日　北京市“不忘初心、牢记使命”主题教育总结大会召开。主题教育活动取得预期效果。

1 月 17 日　北京市第十五届人民代表大会第三次会议通过《北京市机动车和非道路移动机械排放污染防治条例》。

1 月 20 日　习近平作出重要指示，湖北武汉市等地近期陆续发生新型冠状病毒感染的肺炎疫情，必须引起高度重视，全力做好防控工作。当日凌晨，大兴区卫生健康委发布消息，宣布确诊 2 例新冠肺炎病例。

1 月 23 日　北京市新型冠状病毒感染肺炎疫情防控工作领导小组第一次会议召开。

1 月 27 日　首支北京援鄂医疗队从首都国际机场出发，驰援湖北省武汉市。

2 月 5 日　市扶贫协作和支援合作工作领导小组召开会议，强调 2020 年开年遇到新冠肺炎疫情，在全力以赴抓好防控的同时，扶贫支援工作一刻也不能等，要贯彻落实习近平关于扶贫工作的重要论述，进一步增强责任感、使命感、紧迫感，咬定目标、一鼓作气，坚决助力受援地区打赢脱贫攻坚战。

2月10日 习近平在北京调研指导新型冠状病毒肺炎疫情防控工作时强调，当前疫情形势仍然十分严峻，各级党委和政府要坚决贯彻党中央关于疫情防控各项决策部署，坚决贯彻坚定信心、同舟共济、科学防治、精准施策的总要求，再接再厉、英勇斗争，以更坚定的信心、更顽强的意志、更果断的措施，紧紧依靠人民群众，坚决把疫情扩散蔓延势头遏制住，坚决打赢疫情防控的人民战争、总体战、阻击战。

2月21日 习近平主持召开中央政治局会议，研究新冠肺炎疫情防控工作，部署统筹做好疫情防控和经济社会发展工作。同日，北京市新型冠状病毒感染肺炎疫情防控工作领导小组第三十次会议暨严格进京管理协调机制第一次会议召开，传达学习中央政治局会议精神，进一步研究部署严格进京管理和疫情防控工作。

2月22日 中共北京市委十二届十二次全会召开。全会深入学习贯彻习近平在京视察指导新型冠状病毒肺炎疫情防控工作时的重要讲话精神，学习贯彻中央政治局会议精神，进一步部署本市疫情防控工作；研究讨论《首都功能核心区控制性详细规划（街区层面）（2018年—2035年）（送审稿）》，一致同意按程序上报中共中央、国务院审定。全会强调，首都疫情防控工作事关大局，责任重大，是当前必须抓好的头等大事。规划建设管理好首都功能核心区是落实首都城市战略定位、切实履行好首都职责的必然要求，必须作为重要政治任务抓紧抓好。

2月23日 统筹推进新冠肺炎疫情防控和经济社会发展工作部署会议强调，当前疫情形势依然严峻复杂，防控正处在最吃劲的关键阶段，各级党委和政府要坚定必胜信念，咬紧牙关，继续毫不放松抓紧、抓实、抓细各项防控工作。要有序恢复生产、生活秩序，强化“六稳”

举措，加大政策调节力度，努力实现2020年经济社会发展目标任务。2月24日，北京市统筹推进新冠肺炎疫情防控和经济社会发展工作部署会议强调，要紧紧抓住外防输入、内防扩散两大环节，全力抓好当前疫情防控工作，统筹做好经济社会发展各项工作，做到两手抓、两不误，坚决打赢疫情防控阻击战，努力完成2020年经济社会发展各项目标任务。

2月27日 市委组织部、市委市直机关工委、市国资委党委研究印发《继续推动市级机关企事业单位干部下沉参加社区（村）疫情防控工作实施方案》。即日起，全市85个市直机关、事业单位、44家市管国企共同选派第一批下沉力量2000余人，陆续到岗开展基层疫情防控工作。

2月29日 全市新增2例境外输入新冠肺炎确诊病例。这是北京市首次报告境外输入病例。

2月29日 北京市帮扶的河北省22个国家级贫困县全部“摘帽”。

2月 北京市开展助力新疆和田地区墨玉县、洛浦县及118个深度贫困村挂牌督战工作。

3月4日 北京市帮扶的内蒙古自治区31个国家级贫困县全部“摘帽”。

3月6日 习近平出席决战决胜脱贫攻坚座谈会并发表重要讲话，强调到2020年现行标准下的农村贫困人口全部脱贫，是党中央向全国人民作出的郑重承诺，必须如期实现。各级党委和政府要以更大决心、更强力度推进脱贫攻坚，坚决克服新冠肺炎疫情影响，坚决夺取脱贫攻坚战全面胜利。3月9日，北京市助力决战决胜脱贫攻坚座谈会强调，要深入贯彻落实习近平在决战决胜脱贫攻坚座谈会上的重要讲话精神，坚决克服疫情影响，以更大决心、更强力度推进扶贫支援各项工作，助力受援地区如期打赢脱贫攻坚决战，向党和人民交出一份合格答卷。

3月25日　市委农村工作领导小组全体会议审议并通过《北京市关于加强和改进乡村治理的工作方案》等事项，指出要深入学习贯彻习近平关于“三农”工作的重要论述，认真贯彻落实中央一号文件和中央农村工作会议精神，按照2020年各项重点任务，坚决克服疫情影响，切实抓好农村改革发展稳定各项工作，确保如期高质量实现全面小康目标。

3月27日　市十五届人大常委会第二十次会议通过《北京市物业管理条例》《北京市优化营商环境条例》。

4月9日　北京市推进全国文化中心建设领导小组发布《北京市推进全国文化中心建设中长期规划（2019年—2035年）》。

4月10日　为深入贯彻落实习近平新时代中国特色社会主义思想和习近平对北京重要讲话精神，进一步繁荣兴盛首都文化，做好首都文化这篇大文章，中共北京市委发布《关于新时代繁荣兴盛首都文化的意见》。

4月13日　北京科兴中维生物技术有限公司、国药集团中国生物技术股份有限公司及其下属单位研发的新型冠状病毒灭活疫苗获批临床试验。7月21日，科兴中维启动在国外的疫苗Ⅲ期临床研究；7月22日，科兴中维新冠疫苗在北京完成首针接种。

4月21日　北京市印发《关于抓好“三农”领域重点任务确保如期高质量实现全面小康的行动方案》，提出对标对表全面建成小康社会目标，集中力量完成打赢脱贫攻坚战和补上全面小康“三农”领域突出短板两大重点任务，扎实推动农业农村高质量发展。

4月21日　北京市对口支援青海省的玉树州“一市五县”全部完成国家级贫困县“摘帽”。

5月1日 即日起，《北京市生活垃圾管理条例》实施。

5月14日 国际奥委会、国际残奥委会和北京冬奥组委同步正式发布《北京2022年冬奥会和冬残奥会可持续性计划》。

5月16日 中共北京市委十二届十三次全会召开。全会深入学习贯彻习近平关于统筹推进疫情防控和经济社会发展工作一系列重要讲话和重要指示精神，审议并通过《关于加强首都公共卫生应急管理体系建设的若干意见》。全会强调，要全面落实总体国家安全观和新时期卫生与健康工作方针，坚持首善标准，瞄准国际一流，立足当前，着眼长远，认真总结并固化疫情防控中形成的好经验、好做法，抓紧补短板、堵漏洞、强弱项，大力加强首都公共卫生应急管理体系建设，为保障人民群众生命安全和身体健康、维护首都安全、建设国际一流的和谐宜居之都提供有力支撑。

6月1日 即日起，《北京市野生动物保护管理条例》《北京市文明行为促进条例》实施。

6月10日 市委、市政府发布实施《关于加快培育壮大新业态新模式促进北京经济高质量发展的若干意见》，围绕新基建、新场景、新消费、新开放、新服务分别提出相关政策措施，系统推进新业态、新模式发展。

6月11日 北京发生新发地批发市场新冠肺炎聚集性疫情，终结56天无本地新增确诊病例记录。6月15日，85家单位1360名党员干部迅速到原下沉的242个社区（村）参加疫情防控工作。6月16日起，北京市突发公共卫生事件应急响应级别由三级调至二级。7月20日起，北京市突发公共卫生事件应急响应级别由二级调整为三级，此次疫情及相关联传播已得到控制。

6月21日 《通州区大运河文化带保护建设规划》《通州区大运河文化带保护建设三年行动计划（2020年—2022年）》发布。

6月 北京市人民政府与宁夏自治区人民政府签署《2020年—2023年医疗卫生精准帮扶与技术合作框架协议》，巩固京宁帮扶合作成果，深化拓展帮扶合作空间，启动新一轮京宁帮扶合作。

7月1日 即日起，《北京市医院安全秩序管理规定》实施。

7月3日 据市委社会工委、市民政局统计，在突发疫情防控中，全市发起“爱满京城共同战‘疫’”志愿服务行动，通过“志愿北京”信息平台累计发布相关志愿服务项目7683个，招募注册志愿者22.8万人次。

7月14日 市人力资源和社会保障局发布北京市2020年相关社会保障待遇集中调整方案，包括企业和机关事业单位退休人员养老金、城乡居民基础养老金和福利养老金、工伤保险定期待遇和失业保险金，惠及全市近397万人。

7月 北京市调整最低生活保障标准，城乡低保标准调整为家庭月人均1170元。

8月13日 北京疫情防控工作领导小组决定成立爱国卫生运动工作组，制定实施《深入开展新时代爱国卫生运动三年行动方案》，部署六大专项行动。

8月21日 中共中央、国务院批复同意《首都功能核心区控制性详细规划（街区层面）（2018年—2035年）》。9月1日，市委、市政府召开首都功能核心区控制性详细规划实施动员部署大会，宣读中共中央、国务院的批复，全面部署核心区控规实施工作。强调要全面落实批复要求，高质量实施核心区控规，努力把首都功能核心区建设成为政务环境优良、文化魅力彰显和人居环境一流的首善之区。

8月下旬 北京市党政代表团赴河北省、内蒙古自治区就扶贫协作工作进行对接，赴天津市学习考察，进一步推进京津交流合作。

8月29日 《北京经济技术开发区支持高精尖产业人才创新创

业实施办法》（即“人才十条”）正式对外发布，每年将设立10亿元专项资金支持人才发展。

9月1日 即日起，《北京市危险废物污染环境防治条例》实施。

9月4日—9日 2020年中国国际服务贸易交易会举办。习近平在峰会上发表视频致辞。服贸会以“全球服务，互惠共享”为主题，共有来自148个国家和地区的2.2万家企业和机构参展、参会。

9月7日 国务院发布《国务院关于深化北京市新一轮服务业扩大开放综合试点建设国家服务业扩大开放综合示范区工作方案的批复》，北京市服务业扩大开放正式由“试点”升级为“示范区”。

9月7日 市经济和信息化局、市商务局、市金融监管局分别印发《北京市促进数字经济创新发展行动纲要（2020—2022年）》《北京市关于打造数字贸易试验区的实施方案》《北京国际大数据交易所设立工作实施方案》。

9月8日 《关于加快国家文化产业创新实验区核心区高质量发展的若干措施》印发，从市级层面加大资源统筹力度，为国家文创实验区高质量发展注入新能量。在国家文创实验区挂牌5周年之际，区域内登记注册文化企业达到3.48万家，5年间新增1.88万家。

9月10日 北京市科学技术奖励大会召开，11位科学家和154项成果荣获北京市科学技术奖。2019年度北京市科学技术奖首次设立北京市突出贡献中关村奖、北京市杰出青年中关村奖、北京市国际合作中关村奖3个“人物奖”。北京量子信息科学研究院院长、清华大学副校长、中国科学院院士薛其坤与龙芯中科技术有限公司董事长、研究员胡伟武荣获北京市科学技术最高奖——北京市突出贡献中关村奖，每人获得300万元奖金。

9月18日 由首都精神文明办会同中央国家机关爱卫办、市商务局等单位制定的《“制止餐饮浪费践行光盘行动”指引》对外发布。

9月21日 国务院印发《中国（北京）自由贸易试验区总体方案》，批复同意设立中国（北京）自由贸易试验区，实施范围119.68平方千米，涵盖科技创新片区、国际商务服务片区、高端产业片区。9月24日，中国（北京）自由贸易试验区揭牌成立。9月27日，科技创新片区挂牌，首批入驻企业举行签约仪式。9月28日，高端产业片区、国际商务服务片区挂牌。

9月24日 全国防沙治沙暨京津风沙源治理工程经验交流现场会在山西省右玉县召开。京津风沙源治理工程从2000年启动至2020年，工程区范围包括北京、天津、河北、山西、内蒙古、陕西6个省区市的138个县，累计完成营造林902.9万公顷，工程固沙5.1万公顷，治理草地979.7万公顷。

9月25日 市十五届人大常委会第二十四次会议通过《北京市司法鉴定管理条例》、新修订的《北京市促进中小企业发展条例》、新修订的《北京市燃气管理条例》、《北京市突发公共卫生事件应急条例》（即日起实施）、关于修改《北京市生活垃圾管理条例》的决定等。

9月29日 北京市抗击新冠肺炎疫情表彰大会举行，1001名先进个人、308个先进集体和120名优秀共产党员、100个先进基层党组织受到表彰。

9月 发布《北京推进国际交往中心功能建设专项规划》和《北京推进国际交往中心功能建设行动计划（2019—2022年）》。

10月9日 北京市召开建设国家服务业扩大开放综合示范区和中国（北京）自由贸易试验区动员部署大会。

10月14日 北京市扶贫先进事迹报告会举办。80个集体和150名个人荣获2019年度“北京市扶贫协作奖”。

10月17日 国务院扶贫办发布2020年全国脱贫攻坚奖获奖名单，北京市报送的2人和1家单位获奖。其中，首都医科大学附属复兴医院刘云军获得“2020年全国脱贫攻坚奖贡献奖”，北京凯达恒业农业技术开发有限公司刘长安被授予“2020年全国脱贫攻坚奖奉献奖”，北京尤迈慈善基金会获得“2020年全国脱贫攻坚奖组织创新奖”。

10月21日—23日 2020金融街论坛年会举行。年会以“全球变局下的金融合作与变革”为主题，举办4场平行论坛，设置26个前沿议题，近300名嘉宾参与。金融街论坛创办于2012年，2020年成为北京服务国家战略的国家级重点活动。

10月26日—29日 中国共产党第十九届中央委员会第五次全体会议举行，审议并通过《中共中央关于制定国民经济和社会发展第十四个五年规划和二〇三五年远景目标的建议》。全会强调，全党全国各族人民要再接再厉、一鼓作气，确保如期打赢脱贫攻坚战，确保如期全面建成小康社会、实现第一个百年奋斗目标，为开启全面建设社会主义现代化国家新征程奠定坚实基础。10月30日，市委常委会召开扩大会议，传达学习贯彻党的十九届五中全会精神。会议强调，要深入学习五中全会精神，把握和领会好新形势、新发展阶段、新发展格局、工作新要求；要扎实推动五中全会精神在北京落地落实。

10月28日 《北京市困境家庭服务对象入住养老机构补助实施办法》出台。相比4年前，此次出台的实施办法对入住养老机构可享受补贴的覆盖面有所扩展，规定困境家庭服务对象入住养老机构最高将享受每人每月3600元的补助。

11月1日 北京市以2020年11月1日零时为标准时点开展北京市第七次全国人口普查。

11月1日 即日起，新修订的《北京市宗教事务条例》实施。

11月5日 北京市召开扶贫支援工作部署会，指出面对疫情冲击，全市上下始终坚持以习近平新时代中国特色社会主义思想为指导，坚决贯彻落实中共中央、国务院决策部署，扎实推进产业扶贫、消费扶贫、就业扶贫等重点任务，扶贫支援的县级地区全部摘帽，各项工作取得明显成效。当前，脱贫攻坚到了最后阶段，全市各级党委政府要深入落实中央工作要求，保持攻坚态势，善始善终，善作善成，不获全胜决不收兵。

11月14日 北京对口支援的新疆维吾尔自治区墨玉、洛浦两县宣布脱贫。至此，北京扶贫支援纳入中央考核的73个旗县已全部脱贫摘帽。

11月18日 北京市文化改革和发展领导小组办公室发布《关于加快推进国家文化与金融合作示范区发展的若干措施》，东城区将以前门地区为示范区核心区与起步区，打造东直门国际金融生态城、隆福文化中心等多组团区域，推动文化金融合作在东城落地。

11月19日 河北省党政代表团来京调研京津冀协同发展和东西部扶贫协作工作。

11月19日—20日 以“深化高水平开放，促进高质量发展”为主题的第二十三届北京—香港经济合作研讨洽谈会在京开幕，洽谈会以视频连线方式在京港两地同步举行。共有12个金额折合达38.86亿美元的重点项目签约，涉及轨道交通、金融、生物医药、商业地产等领域。

11月19日—22日 首届中国（北京）国际视听大会在京举办。参会的专业观众达3.8万人次，线下展览意向成交额超过2亿元。

11月27日 2020年度“首都最美家庭”揭晓，200户家庭荣获年度“首都最美家庭”，年度“十大首都最美家庭”同时揭晓。

11月27日 国家游泳中心“水立方”改造工程完工，成为北京

2022 年冬奥会第一个完工的改造场馆。“水立方”在北京冬奥会和冬残奥会期间将承接冰壶和轮椅冰壶比赛项目。

11 月 28 日 市政府印发《北京市划转部分国有资本充实社保基金实施方案》，建立国有资本划转和企业职工基本养老保险基金缺口逐步弥补相结合的运行机制，使人民群众共享国有企业发展成果，增进民生福祉。

11 月 28 日—29 日 中共北京市委十二届十五次全会召开。全会深入学习贯彻党的十九届五中全会精神，审议并通过《中共北京市委关于制定北京市国民经济和社会发展第十四个五年规划和二〇三五年远景目标的建议》。全会充分肯定“十三五”时期北京发展取得的历史性成就，“十三五”规划主要目标任务即将完成，率先全面建成小康社会即将实现，北京综合实力和国际影响力明显增强，为率先基本实现社会主义现代化奠定了坚实基础。全会提出 2035 年远景目标：率先基本实现社会主义现代化,努力建设好伟大社会主义祖国的首都、迈向中华民族伟大复兴的大国首都、国际一流的和谐宜居之都。

12 月 1 日 2022 年北京冬奥会重点配套交通基建工程——京张高铁延庆线正式开通运营。北京北（清河）站至延庆站开行旅客列车 5 对，清河站到延庆站最快仅需 26 分钟。

12 月 16 日—18 日 中央经济工作会议举行。会议指出，经过 5 年持续奋斗，我国经济社会发展取得新的历史性成就，“十三五”规划主要目标任务即将完成。会议强调，明年是我国现代化建设进程中具有特殊重要性的一年。做好明年经济工作，要坚持稳中求进工作总基调，立足新发展阶段，贯彻新发展理念，构建新发展格局。

12 月 17 日 全市 2020 年自备井置换和老旧小区供水管网改造工作圆满完成。“十三五”期间，全市累计完成 1200 余个小区（单位）的自备井置换工程和 1250 个老旧小区内部供水管网改造，受益人口

288万。

12月17日 市委统战部、市工商联联合召开促进独角兽企业高质量发展座谈会。2020年，北京独角兽企业数量共82家，占全国独角兽企业总量251家的三成多。全国12家估值超过百亿美元的超级独角兽企业中，北京企业占近六成。

12月19日 河南省党政代表团到北京考察，两地签署京豫《战略合作协议（2020—2025年）》。

12月25日 市十五届人大常委会第二十七次会议闭幕，表决通过新修订的《北京市志愿服务促进条例》、新修订的《北京市人民代表大会常务委员会组成人员守则》（即日起实施）等。

12月29日 中共北京市委十二届十六次全会召开。全会深入学习贯彻党的十九届五中全会和中央经济工作会议精神。全会强调，抓好明年工作，一要坚定不移贯彻新发展理念，率先探索构建新发展格局的有效路径。二要保持战略定力，更加注重质量和效益。三要大力推动绿色发展。四要注重解决民生问题，着力提高人民生活品质。五要坚持底线思维，防范化解各类风险隐患。

12月30日 中央全面深化改革委员会第十七次会议审议并通过《关于设立北京金融法院的方案》。强调设立金融法院是服务保障国家金融战略实施、营造良好金融法治环境、促进经济健康发展的重要举措。北京是国家金融管理中心，要高起点、高标准设立金融法院，结合区域功能定位和特点，对金融案件实行集中管辖，推进金融审判体制机制改革，提高金融审判专业化水平。

12月30日 中共北京市委常委会召开扩大会议，传达学习中央农村工作会议精神。会议强调，要围绕构建新发展格局，充分认识新阶段做好“三农”工作的重要性和紧迫性，要坚决扛起保障国家粮食安全的政治责任，要全面推动乡村振兴在京郊大地落地见效，要坚持和加强党对“三农”工作的全面领导。

本年 截至年底，北京市的中共党员总数为235.5万名，党的基层组织总数为10.9万个，其中基层党委6146个、党总支4503个、党支部9.9万个。

本年 全年地区生产总值36102.6亿元，按可比价格计算，比上年增长1.2%。三次产业构成为0.4∶15.8∶83.8。全市居民人均可支配收入为69434元，比上年增长2.5%，扣除价格因素后实际增长0.8%。

二〇二一年

1月1日　即日起，北京市全面启动9类重点人群新冠疫苗接种，春节前完成首批重点人群的接种。春节后，全面启动18～59岁人群新冠肺炎疫苗分批接种工作。3月，稳妥推进60岁及以上新冠疫苗接种人群接种工作，全面启动18岁以上在京外籍人士新冠疫苗接种工作。截至7月2日，全市累计接种新冠疫苗剂次达到3520万剂，累计接种1830万人。

1月1日　即日起，北京市城乡居民基本养老保险基金实施市级统筹管理。自此，北京市社会保险制度全险种市级管理实现全面统一。

1月6日　在全国优秀农民工和农民工工作先进集体表彰大会上，北京市35名农民工获得“全国优秀农民工”称号。其中，北京户籍10人、外省区市25人。

1月18日—19日　习近平在北京、河北考察并主持召开北京2022年冬奥会和冬残奥会筹办工作汇报会，发表重要讲话。1月21日，市委常委会召开扩大会议，传达学习习近平重要讲话精神。2月27日，北京冬奥组委·北京市深入推进北京冬奥会冬残奥会筹办决战决胜动员部署大会召开。会议强调要全体总动员、大家一起上，铆足干劲、决战决胜，全力以赴做好各项筹办工作，确保办成一届给世界留下深刻印象和美好回忆的冬奥会、冬残奥会。

1月29日　全市局级正职领导干部学习贯彻党的十九届五中全会精神专题研讨班开班。会议强调，要深刻理解、准确把握我国进入新发展阶段的重大战略判断，增强贯彻新发展理念的思想自觉和行动自觉，在率先探索构建新发展格局的有效路径中拿出北京行动，在全面建设社会主义现代化国家的奋斗征程中走在全国前列。

1月 北京土地公开出让首次采用“竞地价+竞政府持有商品住宅产权份额+竞高标准商品住宅建设方案”方式供地，合理引导市场预期，严格落实“房住不炒”。

1月 北京市进一步拓宽救助范围，对低收入家庭中的重病人员按照低保标准的35%发放生活补贴。至此，北京市低收入家庭的重残、重病人员全部纳入基本生活保障范围。

2月5日 北京市召开2020年“接诉即办”改革工作总结交流会，180个先进集体和420名先进个人获得通报表扬。

2月18日 2021年北京市就业工作视频会议召开。会议紧紧围绕“十四五”规划和经济发展就业导向，向全市部署城镇调查失业率、农村劳动力转移就业、创业带动就业、支持新就业形态和灵活就业等重点考核指标任务。

2月25日 全国脱贫攻坚总结表彰大会在人民大会堂隆重举行。习近平向“全国脱贫攻坚楷模”荣誉称号获得者等颁奖并发表重要讲话。大会宣布，我国脱贫攻坚战取得全面胜利，现行标准下9899万农村贫困人口全部脱贫，832个贫困县全部摘帽，12.8万个贫困村全部出列，区域性整体贫困得到解决，完成了消除绝对贫困的艰巨任务。北京市有25名个人和20个集体受到中共中央、国务院表彰。

3月1日 全市党史学习教育动员大会召开。会议强调，要深入学习贯彻习近平在党史学习教育动员大会上的重要讲话精神，进一步提高政治站位，坚持首善标准，扎实开展党史学习教育，引导全市党员学党史、悟思想、办实事、开新局，更加奋发有为地推动首都新发展，确保“十四五”开好局、起好步，以优异成绩庆祝建党一百周年。

3月2日 市委农村工作领导小组召开全体会议，贯彻落实中央农村工作会议精神，审议并通过《关于全面推进乡村振兴加快农业农村现代化的实施方案》《涉农区党政领导班子和领导干部推进乡村振兴战略2020年度实绩考核情况及2021年度考核安排》《北京市关于全面推行“田长制”的实施意见》。当日，全市农村工作会议召开，强调要围绕“促进农业高质高效、乡村宜居宜业、农民富裕富足”的目标，凝心聚力、真抓实干，确保全面推进乡村振兴迈出新步伐。

3月15日 北京市扶贫协作总结表彰大会举行，150个先进集体和302名先进个人获得表彰。会议宣布，北京助力河北、内蒙古、新疆、西藏、青海5省区73个县级贫困地区如期摘帽，200.6万贫困人口全部脱贫，圆满完成了党中央交给北京的扶贫协作任务。

3月16日 第六届“北京社工宣传周”启动仪式发布全市基层社会工作服务平台建设工作计划，揭晓“首都最美社工”“首都优秀社工”“优秀社工机构”等奖项。截至2020年底，全市共有7.5万名社工专业人才、3.6万名持证社工、887家社工机构，全市社工人才队伍持续壮大。

3月18日 市政府办公厅印发《关于支持中小微企业和个体工商户做好常态化疫情防控加快恢复发展的若干措施》，标志着北京支持中小微企业发展的3.0版政策出炉。

3月22日 市委城市工作委员会召开全体（扩大）会议，听取老旧小区改造工作情况汇报等。“十三五”时期，全市有508个小区纳入老旧小区综合整治计划。“十四五”时期这项工作提速，仅2021年就有400个小区纳入综合整治计划。

3月30日 市卫生健康委公布在全市范围内开展第四次居民健康素养监测结果：北京市居民健康素养水平持续提升，2020年达到36.4%，比2018年提升4.1个百分点。2018年—2020年，年均增幅达2.1

个百分点。

3月 《琉璃河遗址保护规划（2020年—2035年）》发布，描绘未来15年琉璃河遗址的保护、开发和利用细节。

4月1日 琉璃河遗址考古调查、勘探、发掘工作重要成果发布：考古人员首次在城内发现等级较高的成规模夯土建筑基址。这一发现印证了文献中关于“周初封燕”的史实。

4月7日 市委、市政府联合印发《关于全面推进乡村振兴加快农业农村现代化的实施方案》。

4月14日 北京市“决战脱贫攻坚”百姓宣讲活动启动。宣讲团由来自脱贫攻坚战役一线的13位优秀代表组成，在全市16个区和各工委、各系统、各单位开展巡回宣讲，并启动“云宣讲”，以身边人讲身边事的方式展示北京在决战脱贫攻坚中取得的突出成就。

4月16日—18日 北京·平谷世界休闲大会在平谷区举行。大会秉承全域、全季、全民休闲的办会理念，共吸引11万余人次游客到平谷观光旅游，8万余人次线上、线下参与大会。

4月19日—22日 北京文化发展基金会以“文化润疆，大美和田”为主题，为新疆和田地区图书馆捐赠5000册图书及10台华硕笔记本电脑。

4月21日 即日起，北京城市副中心教育、医疗、养老、社保等23类179项与市民生活密切相关的政务服务事项可在河北省廊坊市北三县“跨省通办”。通过互设“跨省通办”窗口、推行“政银合作”模式、加快系统平台对接、探索建立审批互信机制等方式，加强政务服务领域一体化联动。

4月23日 全市老旧小区改造现场推进会召开。会议强调，老旧小区改造是推进城市更新行动的重要举措，是造福群众的民生工程、扩大内需的发展工程，也是面向基层的治理工程。要进一步提高站位，时刻把老百姓的事放在心上，注重惠民实效、多元共担、统筹协调、长效治理，切实改出新模式、新机制、新面貌，把老旧小区改造这项惠民工程办好，建设整洁、和谐、宜居的美丽家园。

4月27日 北京市扫黑除恶专项斗争总结表彰大会举行。会议传达全国扫黑除恶专项斗争总结表彰大会精神，部署常态化开展扫黑除恶斗争工作，为受表彰的市级先进集体代表和先进个人代表颁奖。会议强调,要深入贯彻习近平关于扫黑除恶专项斗争的重要指示精神，高标准推进常态化扫黑除恶斗争各项工作，切实巩固专项斗争成果，努力建设更高水平的平安北京，不断增强人民群众获得感、幸福感、安全感。

4月28日 《北京市生活垃圾管理条例》实施一周年总结部署大会召开。大会宣读《关于表彰北京市生活垃圾分类推进工作先进集体和先进个人的决定》,2021年第二批北京市生活垃圾分类示范小区、村创建结果。共有293个集体、500名个人获得北京市生活垃圾分类推进工作先进集体和先进个人荣誉称号。一年来，全市创建了4批共835个示范小区、村。

4月28日 市委常委会传达习近平总书记关于深化东西部协作和中央定点帮扶工作的重要指示精神，并听取2020年度国家东西部协作考核评价有关情况和北京市整改方案汇报。

4月29日 潮白河试验性生态补水启动，这是北京市1999年以来首次实施的较大规模试验性生态补水。5月28日，潮白河北京段时隔22年全线贯通。

4月 市委编委印发《关于北京市扶贫协作和支援合作工作领导小组更名的通知》，将北京市扶贫协作和支援合作工作领导小组更名为北京市支援合作工作领导小组。5月，市委办公厅、市政府办公厅印发《关于调整扶贫工作和乡村振兴工作机构设置的通知》，将北京市扶贫协作和支援合作工作领导小组办公室更名为北京市支援合作办公室。

4月 按照中央要求，东西部扶贫协作调整为东西部协作，北京市对内蒙古自治区帮扶工作重心转为巩固拓展脱贫攻坚成果和全面推进乡村振兴有效衔接。北京市与内蒙古自治区签订《2021年度东西部协作协议》。

5月3日 共青团中央、全国青联共同颁授第二十五届“中国青年五四奖章”，表彰青年中的优秀典型和模范代表。北京集创北方科技股份有限公司董事长张晋芳被授予“中国青年五四奖章”，北京科兴中维生物技术有限公司“克冠行动”工作团队被授予“中国青年五四奖章集体”。

5月6日 《人民日报》刊发蔡奇署名文章《坚持以首都发展为统领 奋力谱写社会主义现代化的北京篇章》。

5月6日 北京市召开“我为群众办实事”实践活动工作推进会。会议传达中央党史学习教育领导小组《“我为群众办实事”实践活动工作方案》，部署《关于在全市开展“我为群众办实事”实践活动实施方案》《关于在“我为群众办实事”实践活动中推进“接诉即办”解决重点民生诉求的工作方案》。要求全市各级各部门要深刻学习领会习近平在广西考察时提出的“让人民生活幸福是‘国之大者’”要求，始终把老百姓的事放在心上，用心用情切实解决市民群众最关心、最直接、最现实的利益问题，让市民群众有更多获得感。

5月7日 北京历史文化名城保护委员会办公室召开宣传贯彻《北京历史文化名城保护条例》动员部署大会。1月27日该条例由北京市第十五届人民代表大会第四次会议表决通过，3月1日开始施行。

5月8日 北京城市副中心管委会、通州区政府、廊坊市政府签署协议，决定在北京城市副中心、廊坊北三县、廊坊临空经济区实行

“区域通办”联动机制。首批共有70项政务服务和453项高频便民事项纳入其中。

5月9日 市住房城乡建设委印发《关于老旧小区综合整治实施适老化改造和无障碍环境建设的指导意见》，推出适老化改造“菜单”，9项必须改造的内容都围绕着通行无障碍设定。

5月10日 经市扶贫协作和支援合作工作领导小组批准，北京市扶贫支援办印发《关于调整优化东西部协作区县结对帮扶关系的通知》，调整优化16个区与内蒙古31个旗县的结对帮扶关系，增加北京经济技术开发区结对帮扶内蒙古相关脱贫旗县，形成“17+31”的区县结对帮扶机制。

5月12日 《延庆区全面推行乡村公路路长制实施方案》出台，全面建立常态化的区、乡、村3级乡村公路“路长制”管理机制。这是北京市首个落地的区级乡村道路“路长制”制度。

5月23日—24日 北京市党政代表团赴内蒙古自治区就东西部协作工作进行对接。强调要充分认识东西部协作的长期性、战略性，大力弘扬脱贫攻坚精神，继续把京蒙协作作为北京分内之事和应尽之责，全方位做好帮扶工作，不断推动京蒙东西部协作继续走在全国前列。要按照“产业兴旺、生态宜居、乡风文明、治理有效、生活富裕”的总要求，做好巩固拓展脱贫攻坚成果与乡村振兴有效衔接的各项工作。

5月26日 北京博物馆学会与社会科学文献出版社联合发布《博物馆蓝皮书：北京地区博物馆发展报告（2019—2020）》。截至2020年底，北京地区备案博物馆已达197座，在数量与质量上均居全国前列，北京地区已经形成多学科、多层次、布局较为平衡的博物馆体系。

5月28日 世界卫生组织在第七十四届世界卫生大会上授予北

京市丰台区方庄社区卫生服务中心主任吴浩“世川卫生奖”，以表彰其在全科医学、初级卫生保健、社区防控等方面作出的贡献。

5月　“巩固脱贫攻坚成果、有效衔接乡村振兴暨国企＋工会消费帮扶月”活动在北京市消费帮扶双创中心举办。现场重点推介北京市支援合作的内蒙古、西藏、新疆、青海、河北、湖北、河南等地区的帮扶产品，8家市管国有企业代表与市消费帮扶双创中心签订《消费帮扶产品采购协议》。

5月　第五批北京市赴内蒙古挂职干部团队到期轮换，第六批北京市赴内蒙古挂职干部团队赴内蒙古工作。

5月　北京市印发《关于本市基本医疗保险参保人员社区就医管理有关问题的通知》，明确全市所有2200余家定点社区卫生服务机构作为城镇职工和城乡居民参保人员共同定点医疗机构，无须选择可以直接就医。

5月　市教委发布《关于进一步强化中小学校园课外体育锻炼的通知》，明确全市中小学校要坚持面向全体学生开展校园课外体育锻炼活动，每天要统一安排30分钟的大课间体育活动。

5月　北京市圆满完成村（社区）“两委”换届工作，班子结构进一步优化提升，全面实现年龄、学历“一降一升”，一批年富力强、素质过硬的“新鲜血液”补充进村（社区）干部队伍。

5月　北京市全面推行“田长制”，保护建设利用好151万亩永久基本农田和15万亩永久基本农田储备区。到年底，市、区、乡镇、村4级“田长制”责任体系将全面建立。

5月　截至月底，北京市累计解决约5.2万套房屋的历史遗留不动产登记难题。

6月1日　新修订的《中华人民共和国未成年人保护法》施行。根据该保护法相关规定，北京市12345未成年人保护热线正式开通。

该热线与12345市民服务热线共用一个平台，将积极维护未成年人合法权益，为全市303.3万未成年人撑起一把“保护伞”。“十三五”期间，北京市先后制定和实施困境儿童分类保障、医疗保障、教育保障等政策举措20余项，建立了比较完善的困境儿童保障制度体系。

6月1日 北大红楼等一批中国共产党早期北京革命活动旧址正式面向社会公众开放，集中展示中国共产党早期北京革命活动的光辉历程，大力弘扬社会主义核心价值观，引导全社会知史爱党、知史爱国。

6月5日 即日起，《北京市生态涵养区生态保护和绿色发展条例》正式施行。

6月7日 蔡奇与西藏自治区政府代表团座谈，共商对口援藏工作，深化京藏交流合作。强调要全面贯彻新时代党的治藏方略，深入贯彻习近平关于西藏工作的重要论述，坚持首善标准，发挥北京优势，不断推动援藏工作上新水平。

6月10日 《北京市人民政府关于实施城市更新行动的指导意见》发布。

6月16日 《求是》杂志发表文章《一条热线撬动的“治理革命”——北京市“接诉即办”改革情况调研报告》，介绍北京市推进“接诉即办”改革，形成落实以人民为中心发展思想的生动实践，创造超大城市治理北京样本的做法和经验。

6月17日 北京市召开“三优一先”表彰大会，隆重表彰北京市优秀共产党员、优秀党务工作者、优秀基层党组织书记和先进基层党组织。会议要求，全市各级党组织和广大党员干部要以受表彰的先进集体和优秀个人为榜样，不忘初心、牢记使命，见贤思齐、争当先锋，以更加强烈的使命担当、更加饱满的精神状态，积极投身于首都各项事业之中，为北京率先基本实现社会主义现代化作出更大贡献。

6月23日 《北京2022年冬奥会和冬残奥会遗产报告（2020）》

中文版和国际版向全社会发布。报告共有 13 个章节，从 5 个方面重点呈现 2015 年 8 月—2019 年底促进中国冰雪运动普及发展、超前谋划场馆赛后利用、持续提升京张地区生态环境、促进京津冀地区协调发展、主办城市转型发展、引领社会文明进步等各项重要遗产成果。

6 月 25 日　中央政治局就用好红色资源、赓续红色血脉进行第三十一次集体学习。这次集体学习采取参观和讨论相结合的形式。习近平带领中央政治局同志到北大红楼参观“光辉伟业　红色序章——北大红楼与中国共产党早期北京革命活动主题展”，重温李大钊、陈独秀等开展革命活动、推动马克思主义在中国早期传播、酝酿和筹建中国共产党等革命历史。强调要加强红色资源保护和利用，尊重历史事实，准确评价历史，正确学史用史。

6 月　《北京市关于建立健全城乡融合发展体制机制和政策体系的若干措施》正式印发。对于推动城乡资源要素自由流动，公共资源合理配置，构建和谐共生的城乡关系，形成工农互促、城乡互补、协调发展、共同繁荣的发展格局具有重要作用。

7 月 1 日　庆祝中国共产党成立 100 周年大会在北京天安门广场隆重举行，各界代表 7 万余人以盛大仪式欢庆中国共产党百年华诞。李克强主持庆祝大会。习近平发表重要讲话，代表党和人民庄严宣告，经过全党全国各族人民持续奋斗，我们实现了第一个百年奋斗目标，在中华大地上全面建成了小康社会，历史性地解决了绝对贫困问题，正在意气风发向着全面建成社会主义现代化强国的第二个百年奋斗目标迈进。这是中华民族的伟大光荣，这是中国人民的伟大光荣，这是中国共产党的伟大光荣。

后 记

为忠实记录、全面反映北京市全面建成小康社会的历史进程，特别是党的十八大以来北京市小康进程中的关键节点、重要事件、典型人物，按照中宣部统一部署，组织编写出版的北京市“纪录小康工程”系列丛书，由全景录、大事记、奋斗者、变迁志、影像记5个分册组成。

根据中宣部的部署安排，北京市“纪录小康工程”系列丛书的编写出版工作由中共北京市委宣传部牵头组织实施。

《全面建成小康社会北京大事记》（以下简称《大事记》）编写工作在市委党史研究室、市地方志办室务会领导下进行。主编：李良，副主编：张恒彬、陈志楣，编委：张恒彬、陈志楣、刘岳、运子微。编写人员有：韩勤英、韦冬妮、张卓、刘超、唐智诚、王羚、陈丽红、曹楠、苏峰、常颖、乔克、贾变变、王锦辉、董斌、杨华锋、武凌君、丁洁。

《大事记》编写工作在市委党史研究室、市地方志办室务会领导下开展。室主任李良精心谋划部署，明确编写要求和审稿流程。室副主任、一级巡视员张恒彬审阅全书，提出指导性意见。室领导班子成员陈志楣、刘岳、运子微，对本书编写工作给予指导。

《大事记》由第一研究处、第二研究处、第三研究处共同编写。曹楠负责1949年至1954年大事记编写，常颖负责1955年至1960年大事记编写，贾变变负责1961年至1966年大事记编写，乔克负责1967年至1972年大事记编写，苏峰负责1973年至1978年大事记编写，王锦辉负责1978年至1986年大事记编写，董斌负责1987年至1991大事记编写，武凌君负责1992年至1998年大事记编写，丁洁负责1999年至2005年大事记编写，杨华锋负责2006年至2012年大事记编写，韦冬妮负责2012年至2015年大事记编写，祁霄、王羚负责2016年至2017年大事记编写，张卓负责2018年大事记编写，刘超负责2019年大事记编写，唐智诚负责2020年大事记编写，韩勤英负责2021年大事记编写。张卓承担组织协调、出版联络及编务工作。

中央党史和文献研究院第三研究部副主任沈路涛、原中央党史研究室科研部主任黄如军审阅书稿，就完善体例、内容提出宝贵意见。北京市支援合作办公室对本书编写给予大力支持，北京出版集团所属北京人民出版社对本书编校出版付出大量心血，在此谨表示衷心感谢！

由于时间仓促，加之编者水平有限，本书难免会有错漏或不足之处，敬请读者批评指正。

本书编写组

2022年6月